谨以此书献给

十一年来支持、关注中道咨询的忠实客户及朋友

徘徊在风险与收益之间

企业领导者的财税战略思维

李 舟·著

RISK
&PROFIT

中国经济出版社
CHINA ECONOMIC PUBLISHING HOUSE
·北 京·

图书在版编目（CIP）数据

徘徊在风险与收益之间：企业领导者的财税战略思维 / 李舟著．
—北京：中国经济出版社，2019.6
ISBN 978 - 7 - 5136 - 5705 - 1

Ⅰ．①徘… Ⅱ．①李… Ⅲ．①企业管理—财务管理
②企业管理—税收管理 Ⅳ．①F275 ②F810.423

中国版本图书馆 CIP 数据核字（2019）第 104492 号

责任编辑　严　莉
责任印制　巢新强
封面设计　任燕飞设计室

出版发行　中国经济出版社
印 刷 者　北京力信诚印刷有限公司
经 销 者　各地新华书店
开　　本　710mm × 1000mm　1/16
印　　张　14
字　　数　206 千字
版　　次　2019 年 6 月第 1 版
印　　次　2019 年 6 月第 1 次
定　　价　58.00 元
广告经营许可证　京西工商广字第 8179 号

中国经济出版社 网址 www.economyph.com 社址 北京市西城区百万庄北街 3 号 邮编 100037

本版图书如存在印装质量问题，请与本社发行中心联系调换（联系电话：010 - 68330607）

前言

在十余年的咨询经历中，最为遗憾的事情不是遇到解决不了的问题，而是明明可以解决的财税问题、可以规避的财税风险，却因为企业决策者和财务人员之间理念不能统一，最终给企业带来损失。企业财税系统运作，源于业务，最终又回归于业务，财税系统同业务系统的衔接配合仅仅靠财务人员的努力是不够的，企业领导者和决策者是否拥有正确的财税观，是最终决定财税风险的瓶颈。我所理解的财税观至少包括以下观点：

第一，顶层设计是所有财税系统的源头。所谓顶层设计，就是在企业架构和商业模式设计层面引入财税因素，考虑到财税对于股东设置、集团架构、企业间资产关系以及产业链关联企业的影响等，从源头控制财税风险，预设筹划的伏笔。

第二，企业的底线决定财税风险在哪里。经营风险无法完全规避，但将风险底线划在哪里至关重要。企业领导者的价值观和底线最终决定了财税风险的底线。

第三，重大决策一定要关注财税的因素。在所有重大决策和合同签署上，领导者一定要重视财税因素，评判决策和合同的结果是否会带来财税风险，是否能够起到优化作用，这需要发挥财务人员的预先审核作用，更要发挥领导者自身的财税意识。

第四，决策者同财务人员沟通至关重要。决策者需要什么样的财务人员？财务人员需要什么样的领导者？这两个问题如果不能很好地解决，最终导致的就是企业财务部门的不稳定和财税风险的高发，如何做好相互的沟通，是需要双方共同努力的。

中道咨询深耕财税领域十余年，服务企业近万家，我们对于领导者财税观的看法体现在很多具体的领域和事件之中，这些观点、理念、方法和技巧如同一粒粒珍珠散落在不同的地方，现在我将它们汇集起来，希望能够串成一串璀璨的明珠，帮助企业领导者和决策者树立正确的财税观，在风险与收益之间寻找到自身和企业的最佳平衡点。

李舟

2019 年 5 月

目录 | CONTENTS

顶层设计篇
财税的源头设计

财税风险篇

我们的底线在哪里

经营决策篇

决策中的财税节点

财税筹划篇

换个思路柳暗花明

内部沟通篇

最易忽视的内部财税沟通

01

顶层设计篇

财税的源头设计

财税问题的源头通常不在财务人员，
而是隐藏在领导者和决策者的思维模式之中。
顶层设计就是要找到这些源头。

财务报表到底是做给谁看的

财务系统中最为基础和关键的信息系统是财务报表。财务人员通过会计核算将企业经营行为转化为数字，这就是报表系统。其中包括资产负债表、损益表和现金流量表三个部分。

一、资产负债表

这是从某一个重要时点来看企业的财务状况，如月末、季末和年末，在这个时间节点上（如2018年12月31日下班）企业的钱和资产分别在哪里？哪些还在账户上表现为货币？哪些已经成为存货？哪些钱是该收还没收回的？还有哪些变成房产、设备等重资产沉淀在企业？这个比例决定着企业的经营状态。同时更重要的是，这些资产中，多大比例是股东自己的，多大比例是债权人投入（借来的）？这个比例决定着风险。

因此，资产负债表的信息就是经营状态和风险的匹配信息。

二、损益表

损益表又称利润表，这不是从时点来分析，而是从一个阶段分析，如一个月之内、一个季度之内或一年之内，来反馈企业在这个经营周期内实现了多少收入，有多少支出，交了多少税，最终实现了多少利润。

因此，损益表的信息就是企业盈利能力的基础指标。

三、现金流量表

企业要活下去，最重要的其实不是利润，而是现金。因此在一个经营周期中，除了关注利润的产生，更要关注现金的流转状态。当然需要从不同的角度关注，如经营活动中的现金、投资活动中的现金及融资活动中的现金。我们通过这个表就可以看出企业利润和现金之间的关系，如果这个关系异常，一定是经营异常。另外，现金流的创造能力也是企业风险的最重要底线。

因此，现金流量表的信息是综合反馈了企业的盈利品质和生存风险。

| 结论 |

回到主题，这些严密的报表体系被设计出来究竟是为了给谁看？答案出乎很多人的意料：财务报表系统设计的初衷并不是为了给经营者看，而是为了让企业外部人能够更清晰明了地判断一个企业经营的好坏！这些外部人可能是不参加经营的股东、银行、政府监管部门、税务机关等等。这样给外部人看的报表在设计中就天然存在缺陷，企业不得不披露财务数字，但又打了很多埋伏，变换了很多形式，做了很多遮掩。其实很多经营的秘密在其中并未真正反馈，尤其是成本的秘密，所以报表系统设计的初衷和格式决定了它对于经营决策有价值，但远远不够。遗憾的是，作为企业领导者和管理者，甚至连给别人看的财务报表都不用心看，更不用说能够从财务报表看到数字背后的数字、表面隐藏下的经营秘密。这是很多企业无法科学决策和数字化决策的根本原因。

公司是否有必要设立采购夹层企业

对于很多公司而言，采购是一个重要的运营环节，会计的成本、增值税和企业所得税的扣除都与此密切相关。实务中是将采购职能放在企业内部实施，还是设立独立的采购夹层企业？我们认为，从财税和内控的角度着眼，关键的决策点至少包括以下几个方面。

一、夹层公司是否有利于统一采购？

对于很多集团型公司或者连锁型公司而言，单个企业或者单店采购显然不经济，将采购量集合起来更容易同供应商沟通与合作，但将采购置于公司内部可能就不太便利，也不利于采购部门行使独立权限和灵活管理，这种情况下，设立独立的采购夹层公司，统一对接各个供应商，有着十分明显的利益。

二、夹层公司是否有利于企业融资？

如果仅仅将采购置于公司内部，无法形成独立的资金流和交易行为，独立出来的夹层公司可以提供长期而稳定的资金流，等于单独设立了一个新的融资平台，对于很多融资有限制的行业，夹层公司融资十分普遍。

三、夹层公司是否有利于企业税筹？

夹层公司如果可以享受更低的税率，或者置于有更多税收优惠的税收低洼地，则可以实现整个企业产业链税负的降低。当然有两个问题需要特别注意。

1. 不能将夹层公司作为空壳公司运作

夹层公司承担独立的采购职能，在谈判、签约、物流、信息等功能上应该有所担当，更应该有自己的独立运营团队，不能沦为强行避税的空壳公司，否则即使短期实现税负降低，长远来看必将引发税务机关的关注，带来巨大风险。2018 年以来以霍尔果斯为代表的税收低洼地迎来最为严厉的税收检查和企业自查，究其根源就是享受优惠的多为空壳公司，并无实际经营团队和经营业务。

2. 要考虑夹层公司与下游公司定价是否公允

作为关联企业，采购夹层公司与下游公司的定价必将成为税务机关关注的焦点，关联关系从来不是问题，但利用关联关系转移利润避税就是问题，因此税务机关将根据税收征管法以及《特别纳税调整实施办法》相关规定，对于夹层公司和下游公司定价进行判断，如果不符合公平交易原则，将面临调整。

四、夹层公司是否有利于风险剥离？

对于很多行业的采购而言，是存在风险的，比如采购中的环保问题、采购中的社会责任问题、采购中的腐败问题、采购中的内控与法律风险等，如果是在同一个公司，采购的风险必将影响整个企业，因此在特殊领域和特殊情况下，将采购职能剥离到采购夹层公司，也就意味着将对应风险剥离出去，实质上起到了降低和控制风险的作用。

| 结论 |

企业是否设立采购夹层公司，是多方面综合因素考量的结果，但作为决策者，以上四点因素至少不应当被忽视。

公司是否有必要设立独立的销售公司

对于所有公司而言，销售都是性命攸关的重要运营环节，收入的确认、增值税和企业所得税的缴纳都与此密切相关。实务中是将销售职能放在企业内部实施，还是设立独立的销售公司？我们认为，从财税和内控的角度着眼，关键的决策点至少包括以下几个方面。

一、销售公司是否能够直接享受税收优惠政策？

销售公司如果可以直接享受更低的税率，或者置于有更多税收优惠的税收低洼地，则可以实现整个企业产业链税负的降低。但需要特别注意：

1. 不能将销售公司作为空壳公司运作

销售公司承担独立的销售和营销职能，在客户寻找、信息搜集、交易谈判、签约、物流等功能上必须有所担当，同时这些独立职能的实施也要求销售公司更应该有自己的独立运营团队，不能沦为强行避税的空壳公司，否则即使短期实现税负降低，长远来看必将引发税务机关的关注，带来巨大风险。

2. 要考虑销售公司与上游公司定价是否公允

作为关联企业，销售公司与上游公司的定价必将成为税务机关关注的焦点，关联关系从来不是问题，但利用关联关系转移利润避税就是问题，因此税务机关将根据税收征管法以及《特别纳税调整实施办法》相关规定，对于销售公司和上游公司定价进行判断，如果不符合公平交易原则，将面临调整。

二、销售公司是否能够少缴税？

在某些特殊行业，销售公司的设立可以做到少缴一种税的目的。最典型就是酒类生产企业，由于消费税只在生产企业征收，因此几乎所有的酒类生产企业都有自己的销售公司，并将大量利润留在销售公司，这部分利润自然可以少交消费税。

三、销售公司是否能够增加当期税前扣除？

在所得税税前扣除中，广告费和业务宣传费是有限额的，当期销售收入的15%以内方可当期扣除。对于很多依靠广告拉动的企业，15%限额可能不够，虽然税法允许向以后年度递延扣除，但今年不够，明年依然不够！这种时候，设立销售公司就十分有必要，不仅生产企业可以做广告，销售公司依然可以做广告，两边各自按照15%限额扣除，无形中广告费扣除比例几乎增加了一倍。

四、销售公司是否有利于风险剥离？

对于很多行业的销售而言，是存在风险的，比如销售中的腐败问题、采购中的内控与法律风险等，这一点在医药行业就表现得特别明显。如果是在同一个公司，销售的风险必将影响整个企业，因此在特殊领域和特殊情况下，将销售职能剥离到销售夹层公司，也就意味着将对应风险剥离出去，实质上起到了降低和控制风险的作用。

五、销售公司是否有利于融资？

如果仅仅将销售业务置于公司内部，无法形成独立的资金流和交易行为，独立出来的销售公司可以提供长期而稳定的资金流，等于单独设立了一个新的融资平台，对于很多融资有限制的行业，销售公司融资是有价值的。

| 结论 |

企业是否设立销售公司，同样是多方面综合因素考量的结果，但作为决策者，以上五点因素至少不应当被忽视。

股东与高管如何从公司合法地拿走财富

企业经营的过程就是一个财富增值的过程，这种财富增值不仅仅表现为企业财产的财富增值，更重要的是与之关联的个人财产的财富增值。站在税的角度，公司产生利润对应的是企业所得税，股东和高管从公司中拿走财富对应的是个人所得税。我们以前研究企业所得税和个人所得税都是将其分开来，各自进行分析。但其实这两个税种之间有着密切的联系。这是一个非常有趣的话题，由于长期以来在企业所得税和个人所得税领域存在大量灰色地带，大家讳莫如深。站在财税角度，我们认为企业财富与个人财富之间至少包括以下几点关系：

（1）个人财富包括股东个人财富和员工个人财富。用财税眼光来看，这是两种完全不同性质的财富。员工个人财富增值会增加企业成本和费用，导致企业财富相对地减少；而股东个人财富是企业经营的剩余利润分配形成的。从某种意义上，这两种个人财富在短期内存在此消彼长的关系。

（2）员工个人财富增长必须缴纳个人所得税，企业财富增长必须缴纳企业所得税，表面来看员工个人所得税缴纳多，同时期企业所得税将有所减少，但从长远来看，企业经营更是一个做大蛋糕的过程，只有员工个人财富和企业财富能够同步增长，企业发展才有生命力。当然面对高管和员工个人所得税，如何寻找合理的方法进行调整，合法的基础上使税负更优，一直以来是企业财务人员头疼的问题，甚至在个税问题上受到来自整个高管层的巨大压力，最终导致在实务中各种以筹划名义进行的工资拆分、拿票抵账、冲抵费用等违规避税手段频频发生。

（3）股东个人财富增值来源于企业财富，但分红还是不分红一直以来是一个问题。很多自然人股东持股的企业选择不分红，表面看股东个人财富没有随之增长，但这背后反而可能有更大的问题，除去企业发展必须留下的资金，股东有更多的冲动从其他途径消耗，乃至掏空企业财富。这个过程当中风险巨大，种类繁多的借款、成本费用的虚增甚至隐瞒收入形成的两套账长期以来大行其道。近年来的税制改革带来了前所未有的大数据平台监控，营业税时代的代开票乱象成为历史，增值税对所有经营环节的严密监控对企业纳税管理提出更高的要求。我们称之为强制规范，以前很多财务人员熟悉的套路可能再也无法操作。如何在新的历史时期转变观念、转变手段，寻求更好的企业所得税和个人所得税的良性互动，让股东和高管合理合法从公司取走财富，是企业财务人员必须思考的问题。我们认为，企业决策者和财务人员至少应该把握好三个方面：

（1）了解大数据背景下信息管税的征管改革是怎么回事，税务机关会在哪些关键点上动手；

（2）掌握企业中个人所得税筹划的基本方法，既能够让个人分享财富，同时又合理合法；

（3）对共同作用于个人所得税和企业所得税的经营行为高度关注，兼顾个人所得税和企业所得税的平衡、企业财富增值和个人财富增值的平衡。

老板必读：个税改革核心要点与未来趋势

始于2018年的个税改革是迄今为止个税领域最重大的一次变革，绝不仅仅是起征点这么简单，身为公司领导者，如何理解和面对个税改革？以下核心要点不容忽视。

一、个税纳税主体的划分

（1）首次界定了居民个人和非居民个人概念，明确提出183天作为判断标准，在中国内地居留超过183天即为居民个人。

（2）居民个人需要就全球收入在中国内地税务机关缴纳个人所得税；非居民个人仅需要就中国内地收入在国内缴纳个人所得税。

（3）这个变化对于高净值人群影响巨大，尤其是CRS的同步实施使得个人隐瞒海外账户和资金变得难度更大。

二、将个人收入从十类重新归类为四大类

（1）综合所得：包括工资薪金（员工）、劳务报酬（非员工）、稿酬所得、特许权使用费所得；以前四类各自交税，互不干扰，2019年开始合并计算所得交税。

（2）经营所得：包括原来的生产经营所得（主要是个体户、个人独资企业和合伙企业的个人合伙人）和承包经营所得；以前两类各自交税、互不干扰，2019 年开始合并计算所得交税。

（3）资本所得：包括投资分红、借款利息、资产出租收入、资产转让收入。

（4）偶然所得：上述收入以外的其他收入。

三、综合所得减税改革

这是本次个税宣传最大的亮点，减税点如下：

（1）个税起征点提升达到每月 5000 元，其实准确的说法应该是每年综合所得的基本费用扣除 6 万元。因为综合所得（包括工资）个税缴纳从按月变为按年缴纳。这个变化后面还会再提。

（2）个人缴纳社保部分（主要是养老和医疗）继续可以在税前扣除。

（3）除工资薪金收入按 100% 计算外，劳务报酬、稿酬所得和特许权使用所得均按照 80% 计算所得，稿酬还可以再按 70% 计算所得。

（4）增加了专项附加扣除，包括子女教育、继续教育、大病医疗、住房贷款利息或者住房租金、赡养老人等支出。

（5）综合所得税率比原工资薪金税率明显降低（如图 1、图 2）。

原工资薪金税率

级数	全月应纳税所得额	税率（%）
1	不超过1500元的	3
2	超过1500元至4500元的部分	10
3	超过4500元至9000元的部分	20
4	超过9000元至35000元的部分	25
5	超过35000元至55000元的部分	30
6	超过55000元至80000元的部分	35
7	超过80000元的部分	45

原劳务报酬、稿酬、特许权使用费：20%

图 1

综合所得税率

级数	全年应纳税所得额	税率(%)
1	不超过36000元的	3
2	超过36000元至144000元的部分	10
3	超过144000元至300000元的部分	20
4	超过300000元至420000元的部分	25
5	超过420000元至660000元的部分	30
6	超过660000元至960000元的部分	35
7	超过960000元的部分	45

图 2

需要关注的是减税效果受到两个因素影响：第一个因素是合并纳税的因素，原有工资薪金单独计算，劳务报酬等也是单独计算（20% 税率），现在合并是否一定减税取决于劳务报酬等其他三项的收入多少，如果收入较大，可能税率还会抬升最大到 45% 。

第二个因素从上图可以明显地看出来，中低收入减税效果不错，高收入几乎没有太大减税效果。

四、综合所得纳税申报的重大变革

（1）工资薪金原来是按月缴纳个税，现在的综合所得是按年缴纳个税，要求个人在每年三到六月对上年度综合所得进行统一申报，实现个税汇算清缴。

（2）工资薪金在每月发放时由企业预扣个税，劳务报酬等三项收入由企业或个人在发放时按次预扣个税，年末在个税汇算清缴时可将预扣个税减除后计算实际缴纳数字。

（3）这个变化看似简单，会带来深远的影响，尤其是风险的变化，原来个税扣缴风险全部在企业一方，现在企业只是预扣，最终缴纳风险完全落在个人头上。

五、个税反避税条款的出现

（1）本次个税改革首次出现反避税条款，对于个人实施一切不具有合理商业目的的安排而获取不当税收利益的情况，税务机关均可以进行调整，范冰冰案就是一个典型的失败筹划案例。

（2）税收筹划的手段通常有交易结构调整和优惠政策运用两大类，有时候也会同时运用，但底线应为合法性。

（3）税收筹划的核心原则是真实性、合理性和相关性。反避税条款也正是紧扣这三个原则。

六、个税改革的总结

（1）规范和严格监管是主旋律，每人一个固定身份证识别纳税号，综合所得的预交＋汇算清缴，其他所得的扣缴义务人制度都会越来越严格；社保的规范无疑加快了规范和监管的步伐。

（2）个税的风险逐渐从企业转移到个人，中国开始步入个税与企业税并重时代。

（3）个税的总体趋势是减税，但在严监管的背景下，以前的灰色地带必然浮出水面，走向规范。

（4）个税优惠政策始终是关注的焦点，无论是核定征收还是个税地方留成返还，是个税筹划的重要突破口。但需要注意，关键点在于是否具有合理的商业目的。

你应该选择子公司、分公司还是项目部

对大多数行业来讲，无论企业在哪里设立，运营均可在全国甚至全世界开展，如产品的生产销售。但有些行业的运营一定带有地域的特点，或者说经营与地域不可分割，典型的如房地产行业中，土地、房产与地域无法分割开来；再如服务行业，服务或者劳务的提供所需要的人员、场地、实施过程均需要在客户需要的地域方可实施。这种经营与地域的不可分割就使得这些行业面临异地运营的结构与主体选择。我们把这种结构依然纳入产权结构的范畴。异地运营结构和主体选择，可以有三种模式：子公司、分公司和项目部。实务中三种模式都有见到，但每种选择的财税风险和特点显然大有不同，企业在自身经营中如何进行选择？

一、设立手续差异

（1）三种模式中，项目部最简单，无须在经营地设立机构，不存在工商登记手续，直接由总部派驻人员组成班子即可，但通常为了税收征管的便利，需要在公司所在地税务机关办理“外管证”，到经营地税务机关报验登记。房地产和建安企业项目部就属于这种情况。当然，因为是项目部，一切经营活动开展都以公司名义进行，包括合同的签署、业务的开展、款项的收取等。那么，项目部就不需要单独建账，也不是独立的会计主体和纳税主体。

（2）分公司不是独立的法律主体，但仍需要在经营地工商部门办理登记注册手续，只是手续较之正常公司简单许多，无需实收资本，由总部出资设立即可。同时还需办理税务登记，绝大多数分公司属于独立经营、独立核算的会计主体。只有极少数分公司属于非独立核算性质，在财税上同项目部雷同，在此不做考虑。

（3）子公司虽然一般由母公司控股，但依然是一个在法律上完全独立的公司，要经历完整的工商登记和税务登记手续。作为独立的法律主体，子公司也是独立核算的会计主体，同样是独立纳税的纳税主体。

二、纳税方式差异

（1）项目部不是独立的会计主体和纳税主体，始终以企业名义经营，自身不涉及单独交税问题。

（2）分公司虽然不是法律主体，但通常也独立从事经营活动，是独立的会计主体，因此需要在经营地税务机关缴纳增值税，属于增值税纳税主体。所得税由于按照税法规定是整个企业总分机构统一计算，因此总分机构应作为一个所得税纳税主体，实务中如果总部和分支机构跨省，则应该统一计算所得税，两边按照一定比例分头缴纳；如果总部和分支机构在一个省，按照本省规定处理，但通常是回到总部统一缴纳。但无论分头缴纳还是统一缴纳，均是作为一个纳税主体统一计算所得税。

（3）子公司是独立的法律主体，独立从事经营活动，也是独立的会计主体和完全独立的纳税主体，单独在经营注册地税务机关缴纳增值税和所得税。在增值税上，分公司和子公司是一样的，但在所得税上两者完全不同，那就意味着子公司当期的亏损只能自行弥补，而分公司当期亏损可以在总部合并弥补，这是二者税上的差异。

同时，各地政府针对子公司可能有很多招商优惠和税收优惠政策，而分公司由于主体不完全独立，一般无法享受这些优惠政策。

三、资质限制差异

很多行业都接受政府监管，特殊经营资质的审查和取得就是监管的最常见类型。房地产、建安行业正是经营资质审批的典型。每一个新设的房地产公司和建筑公司都必须取得相对应资质方可开展合法的经营活动，那么子公司必须重新取得资质，不可使用母公司（大股东）的经营资质。分公司由于不是独立法律主体，直接使用总部企业资质即可。项目部本来就类似于企业的一个外派部门，更不存在独立资质问题。资质的高低，在某些行业是竞争力的集中表现，如建筑行业。因此我们不难发现，建筑行业基本上没有设立子公司，全部是以分公司和项目部模式运作，根本原因正在于此。

四、风险考量差异

异地经营，从空间上独立在外，控制力随之减弱，经营风险必然增加。风险一旦爆发，必然对原有主体进行冲击。三种模式在风险考量上也各有不同，项目部和分公司都不是独立法律主体，它们同总部之间的风险关系是无限责任，如果项目部和分公司出现经营风险和债务风险，总部必须承担全部责任。子公司作为独立法律主体，有自己独立的法人财产，承担独立的民事责任和民事义务，如果遇到经营风险，只需要就自身法人财产承担有限责任即可。

五、融资便利差异

项目部和分公司不是独立法律主体，不能独立对外融资，必须在总部公司平台上方可取得资金。而子公司作为独立法律主体，也同样是独立的融资平台，可自行同金融机构和投资机构合作融资。

六、灵活机动差异

任何企业经营中对未来的判断都不可能完全准确，很多时候我们的决策需要给未来留一点变化的余地。在围棋中就讲究不要将变化走尽，万一将来形势发生转变，已经没有选择岂不可惜。以房地产公司为例，常常会在拿到土地之后甚至是项目实施一段时间后改变经营意图，从自己开发调整为合作开发或者将项目转让，如果是项目部和分公司模式，这种合作和转让就相对比较艰难，或者要承担更多的风险，因为原总公司平台涉及其他项目和经营活动，项目部和分公司又无法作为独立平台和主体，重新将土地和项目分拆必然涉及较重的税负和较多的政策限制，很多企业就是因为这种原因导致合作或转让搁浅。

如果是单独设立的异地项目子公司，问题就变得很简单。子公司的独立平台无论是对于新股东的加入还是股权的全部转让都变得比较容易，而且在这种股权的变化中，最多涉及所得税风险，土地和项目所有权在法律上未发生变化，也不会受到相关政策限制。

异地经营决策要素汇总表

决策要素	项目部	分公司	子公司
设立手续	简单	相对简单	复杂
如何纳税	合并纳税	部分合并	完全独立
资质限制	无需独立资质	无需独立资质	独立资质
风险考量	无限责任	无限责任	有限责任
融资便利	不能独立融资	不能独立融资	独立融资
灵活机动	不灵活	不灵活	灵活

企业股权代持警惕法律风险和涉税风险

很多时候，企业股东出于某种特殊考虑，比如规避关联交易的需要，或者股东由于某种特殊身份无法作为工商登记股东，会选择他人代持股权，完成工商注册或变更等股权法律手续。这种代持多存在于自然人之间，我们的分析也以自然人之间代持从以下几个方面进行分析：

（1）从法律上来讲，这种委托代持股份是有效的，但身为股东，既有权利，又面临各种风险和责任，如何防止这种股东权利和风险在代持关系中被扭曲，比如代持者表面上的股东权利会不会损害实际所有者的股东权利？所有者的出资义务风险会不会蔓延到代持者身上？实务中必须签署一份规范的委托代持协议来界定所有者和代持者之间的权利义务，避免出现刚才两个问题，使得委托代持控制在一个双方能够接受的权利与责任范围内。

（2）从税法来讲，代持带来两个最大的问题：第一是分红的涉税问题，对于税务机关而言，通常不认可这种股权的代持关系，因此如果产生分红给自然人股东的情况，纳税义务会由代持股东承担。

其次是股权未来转让的问题，或者说代持关系解除引发的涉税问题。如以下案例：

某企业实际投资人张某，在设立企业之初由于某种特殊原因，选择股权由朋友李某代持。所有工商登记手续均显示为李某。4 年后，公司计划上市，实际控制人必须同股东一致，因此按照上市律师的建议，李某又通过工商变更手续将代持股权以股权转让形式交还张某。但税务机关认为，这属于自然人之间股权转让，应按照股权的公允价值判断是否存在所得。由于该公司账面是盈利的，因此税务机关认为存在股权转让溢价，李某必须就溢价部分缴纳 20% 个人所得税。

| 结论 |

该案例中双方解除股权代持关系只能以现行的股权转让手续完成，但税务机关一定会要求计算缴纳个人所得税，在现行税法规定中只有将股权转让给配偶、父母、子女、祖父母、外祖父母、孙子女、外孙子女、兄弟姐妹以及对转让人承担直接抚养或者赡养义务的抚养人或者赡养人方可平价转让，不计算个人所得税。

因此在实务中，选择代持模式一定不能只考虑当下，要将未来的法律风险、涉税风险通盘考虑，做好预案，避免被动。

盲人骑瞎马，夜半临深池：老板最易忽视的企业收购财税陷阱

企业发展过程中，种种原因会导致股权转让，而在股权转让过程中，老板和投资人常常关注的是公司前景、法律风险，往往忽视了蕴含其中的财税陷阱。恰恰是财税问题成为决定股权转让和收购的关键性要素，下面试着帮助大家进行分析。

一、股权收购中的所得税陷阱

假如A公司实收资本1000万元，股东为甲公司（70%）和乙自然人（30%），B公司收购A公司100%股权，双方约定股权收购价款为2000万元。

1. 股权转让中的所得税应该如何缴纳?

这个案例中股权交易的实质是：甲公司和乙自然人将其持有的股权转让给B公司，这个交易以前营业税免征，现在营改增后增值税也是免征的。风险的关键是所得税：

甲公司应缴纳企业所得税，计算如下：

(2000－1000) ×70% ×25% =175万元

当然，最终甲公司是要将该笔收入同当年度其他收入合并计算企业所得税，这里假定没有别的收入。

乙自然人应缴纳个人所得税，计算如下：

（2000－1000）×30%×20%＝60 万元

2. 个税的代扣代缴风险

乙自然人的个人所得税纳税主体是自己，但实务中为了征管的便利，税务机关要求 B 公司作为转让款支付方在支付时代扣代缴乙的个人所得税 60 万元。如果未能代扣代缴，首当其冲的风险就是 B 公司的扣缴义务风险。因此在股权转让中请一定关注这个问题。

至于甲公司，转让过程的企业所得税纳税主体是自己，B 公司作为股权转让款支付方没有扣缴义务，也不存在风险。

3. 设定股权平价转让风险

在上述案例中，如果双方为了规避所得税强行设定平价转让，1000 万股权按照 1000 万元价格转让。表面看这样似乎没有溢价，但实务中存在极大风险。税法中对所有交易价格都存在一个监控环节，要判断交易价格是否明显偏高或者偏低。在股权转让中尤其如此。国家税务总局关于发布《股权转让所得个人所得税管理办法（试行）》的公告（国家税务总局公告 2014 年第 67 号）文件第十二条专门就股权转让价格做了规定：符合下列情形之一，视为股权转让收入明显偏低：（一）申报的股权转让收入低于股权对应的净资产份额的。其中，被投资企业拥有土地使用权、房屋、房地产企业未销售房产、知识产权、探矿权、采矿权、股权等资产的，申报的股权转让收入低于股权对应的净资产公允价值份额的。（二）申报的股权转让收入低于初始投资成本或低于取得该股权所支付的价款及相关税费的。（三）申报的股权转让收入低于相同或类似条件下同一企业同一股东或其他股东股权转让收入的。（四）申报的股权转让收入低于相同或类似条件下同类行业的企业股权转让收入的。（五）不具合理性的无偿让渡股权或股份。（六）主管税务机关认定的其他情形。

| 结论 |

文件其实表达了股权转让价格几个判断关键要点：不能比取得成本低；不能比别人交易价低；不能随意无偿转让；最后特殊资产要考虑溢价因素。尤其需要关注的是特殊资产溢价问题，企业里的资产有很多是可能不断溢价的特殊资产，如土地使用权、房屋、房地产企业未销售房产、知识产权、探矿权、采矿权、股权等，如果这一类资产在整个资产结构中超过20%，税务机关就可能要求提供评估报告，据此判断股权溢价情况，最终判断股权交易价格是否公允，是否存在隐瞒收入情况。目前的问题是，股权转让过户环节在工商部门，而税的判断在税务机关，很多企业设定平价转让在工商部门过户股权，不到税务机关备案，导致实务中大量税款流失。针对这种情况，工商部门和税务部门的联合势在必行，有些地方定期将工商部门信息同税务机关交流，有些地方直接要求工商变更股权之前，提供税务机关完税证明或者不征税证明。这个漏洞在慢慢缩小，企业设定平价转让强行规避所得税的行为风险也会越来越大。

4. 股权转让价款设定的直系亲属特殊情况

很多时候，企业股权转让并非针对外部，而是针对内部关联方，如关联个人、关联企业，甚至是亲戚等。这些股权转让往往只是内部架构调整的需要，常常未必有真实资金往来。因此作为企业，更加倾向于设定平价转让甚至是无偿转让。税法中只认可直系亲属这一种特殊情况，在国税总局2014年67号公告中明确规定：继承或将股权转让给其能提供具有法律效力身份关系证明的配偶、父母、子女、祖父母、外祖父母、孙子女、外孙子女、兄弟姐妹以及对转让人承担直接抚养或者赡养义务的抚养人或者赡养人，股权转让价格即使偏低也认定为合理。因此，实务中如果是在直系亲属之间调整股权，通常不会涉及所得税风险。

二、股权转让中的财税尽职调查陷阱

在股权转让中，由于双方信息的不对称，通常收购方风险更大。这种风险可以分为法律风险和财税风险两个范畴。因此收购过程中收购方通常会实施两个方面的尽职调查。我们这里重点说说财税风险尽职调查。

1. 财税风险尽职调查实施的时机选择

对于收购方而言，尽职调查自然愈早愈好，最好是在收购未开始前先实施法律和财税尽职调查，将目标公司的情况彻底了解清楚，然后判断风险的大小和解决难度，再决定是否继续实施收购。

实务中尽职调查的时机同样是双方博弈的结果，收购中更强势的一方往往会影响时机的选择。如果收购方更加强势，会要求自收购开始前，甚至在意向合同签署前开始尽职调查，这样一旦发现重大风险可以处于主动位置，可进可退；如果转让方更加强势，会要求先签署收购协议或者意向协议，并且打完第一笔风险金或者预付款后方可实施尽职调查，这样转让方可以更加主动。非常遗憾的是，很多收购中双方的决策人都忽视了财税风险的存在，尤其是收购方决策者关注的焦点是股权的转让节点、公司机要文件的移交节点等，唯独忘记了公司的财税风险，等到收购完成移交财务资料的时候发现财务和税务上目标公司问题一大堆，而且很多问题甚至无法弥补，只能自己承受损失，吞下苦果。

2. 财税风险尽职调查谁来做?

法律风险尽职调查通常是企业的法务部门或者外聘律师事务所来实施，财税风险尽职调查也是类似，要么公司财务人员自己实施，要么外聘专业财税团队实施。通常情况下，企业自己财务人员如果有经验可以自己实施，但我们更建议寻找更专业的财税团队，提出要求，将专业的事交给专业的人，表面看花费大，实际上损失小。

3. 财税风险尽职调查的关注点是什么？

无论是自己做还是外聘团队实施尽职调查，作为决策者必须了解收购中的财税风险尽职调查关键节点在哪里。

（1）账务基础资料和税务基础资料是否健全？

包括报表、账簿、凭证、附件在内的账务基础资料是未来公司延续经营的根本，增值税、所得税及其他税种纳税申报资料是涉税管理的根本，这两个部门资料必须完毕、准确，无缺失，真实可靠，尤其是附件资料，重要交易的合同、付款凭据、发票、收据等一个都不能少。

（2）账务处理是否有重大差错和问题？

企业账务处理是财税管理的基础，账务处理错误可能给收购方后续运营带来很大麻烦，因此在目标公司历史资料中，关键部分的账务处理必须逐笔核对，避免问题隐藏延续。

（3）税务处理是否存在漏缴、少交风险和虚开发票风险？

在目标公司历年纳税申报资料中，要结合财务数据审核交税情况是否准确合理，避免出现该交的税未交，或者少交情况。对于税务机关而言，无论谁是大股东，公司的涉税风险都永远是公司承担。

（4）往来款项有无风险？

往来款项是财务系统中较易存在风险的地方，尤其是企业对外的借款能否收回、是否还存在账外债权债务需要审慎检查，并注意收购协议中对这个部分进行特殊约定，如是否要求原股东对债权债务进行清理，是否要求原股东对债务进行兜底等。

三、收购中目标公司特殊资产的溢价处理陷阱

如果目标公司存在特殊资产溢价，尤其是存在土地使用权和不动产这

一类溢价较高的资产，收购方在计算收购价款的时候是按照溢价价值计算的，但目标公司这类资产的入账价值无法按照公允价值调高。这一点是特别要注意的，实务中很多收购都在这里存在理解分歧和争议。

假设收购中主要资产为土地使用权，目标公司取得土地花费 1 亿元，现在土地公允价值为 2 亿元，溢价 1 个亿。双方在设计收购价款时当然要将 1 亿元溢价考虑在内，但是目标公司的土地成本只能延续以前的 1 亿元，这部分溢价在交易中体现和转化为股权转让溢价，因为双方实施的是股权转让，而不是土地的直接转让。既然通过股权转让规避了土地转让的各项税金，那么土地成本自然不能够调整，也就是说，1 亿元到 2 亿元之间的土地交易税金（主要是增值税、土地增值税和企业所得税）虽然在股权转让环节没有直接显现，但税务机关只能认可原有成本 1 亿元，这个叫作“历史成本原则”。双方在收购决策中千万要把这个因素考虑在内。

| 结论 |

总之，公司股权收购事关重大，作为双方决策人一定要把握好我们所指出的三个关键财税陷阱：股权转让的所得税陷阱、财税风险尽职调查陷阱和特殊资产的溢价陷阱。当然风险永远存在，只要认识到风险总可以找到解决方案。但最可怕的是面对风险却看不到风险，如盲人骑瞎马，夜半临深池，一旦失足悔之晚矣。

企业选择集团化运营的决策清单

企业发展到一定程度，一个主体不能满足需要，会逐步设立不同的公司开展不同行业、不同类型或不同区域的业务，这种设立往往是根据当时需要进行股东设计，实务中常常见到的结果就是多个关联公司均为关联自然人持股。随着企业越来越多，各个公司之间的股权关系也会变得越来越复杂，甚至是混乱，是否需要设立一个集团公司将多主体的产权架构进行重整？很多企业股东在这个问题上产生困惑，不知道从何处进行思考。当然这是一个非常难以得出统一结论的问题，但至少可以从以下四个角度进行权衡：

考虑要素	权衡要点
形象问题	（1）集团公司是否比零散公司更有利于企业外部形象宣传、市场拓展和资源取得？ （2）同一品牌是否能够带来协同作用？
管理问题	（1）统一的人力资源管理是否必须？ （2）统一的财税管理是否必须？ （3）统一的战略管理是否必须？
融资问题	设立集团是否有利于融资？
涉税成本问题	设立集团过程中的股权转让是否涉税？成本和风险考量？

具体每个企业的情况是不同的，这个问题的答案只能由股东自己来回答，但所有的决策中，角度和高度一定是最重要的。

新设公司设置自然人股东还是法人股东

新设公司常常面临一个选择，自然人做股东还是法人做股东？关键的区别在于以下几点。

一、对税的影响

自然人股东（境内自然人）分红必须按照股息红利所得缴纳20%个人所得税，法人企业做股东如果取得分红，按照规定是免征企业所得税的，因为分配的是子公司的税后利润，已经交过企业所得税。因此在设立新公司的时候要考虑公司未来是否需要分红，以及是否愿意接受20%个税负担。除了分红之外，股权转让双方缴纳的税款也有所区别，如果是自然人，未来股权转让按照财产转让所得缴纳20%个人所得税，而且收购方必须代扣代缴；如果是企业做股东，未来转让股权需要缴纳25%企业所得税，但对方无需代扣代缴，企业股东自行缴纳。不仅仅如此，如果是企业股东还可能有两个地方是有节税空间的：

一个是企业股东如果自身有亏损，股权转让收益可以弥补亏损，自然最终减少交税；另一个是企业股东如果设置在有税收优惠的区域，股权转让收益能够享受当地政府的税收优惠或者返还，也有一定节税空间。

二、未来集团化安排的影响

如果未来企业有集团化安排，最好设置控股企业，用控股企业直接投资新设公司并作为股东，如果没有集团化安排，当然从经营角度自然人和法人股东均可。这里需要注意的是，对于未来可能会溢价的公司，任何多余的股权调整都可能带来税收负担，但如果公司本身微利或者会持续亏损，股东的调整就不会有涉税的担心，相对较容易操作。

三、关联程度的安排

关于关联关系，税法中有特殊而明确的规定，详见《特别纳税调整实施办法》，此处不再赘述。关联关系本身对于经营会产生影响，银行、税务机关也会紧盯关联公司，避免因为关联公司导致监管风险。那么企业如何安排关联关系就是一个很大的课题。

这里想要说的是企业在设立新公司时，必须考虑该公司同原有公司之间的关系如何安排，是否需要关联，或者不希望关联，这个选择非常重要，同样会影响到自然人股东和法人股东的选择。当然如果是企业法人作为股东，两家就必然关联，如果自然人股东也是关联关系，但可以通过其他模式进行调整和规避，比如大量在实务中出现的委托持股问题，很多都是为了规避关联关系。这个问题以后有机会会专门来讲。

| 结论 |

自然人股东和法人股东的选择会受到三个因素的影响：一个是税，一个是集团化安排，一个是关联关系安排。企业在进行选择时一定要考虑到位，避免未来出现风险。

增值税时代挂靠行为真的穷途末路了吗

挂靠就建筑业而言，是指一个建筑施工企业允许他人在一定期间内使用自己企业名义对外承接工程的行为。允许他人使用自己名义的企业为被挂靠企业，相应的使用被挂靠企业名义从事经营活动的企业或个人（一般个人居多，本文后续也以个人进行分析）为挂靠人。

按照我国目前相关法规，挂靠行为是违法行为。但在实务中却屡禁不止，甚至演变成一种普遍性的建筑业业务模式。挂靠的盛行，是植根于营业税的征管体系中，营改增后挂靠能否继续实施？或者说挂靠行为会不会发生重大变化？要回答这个问题，必须对挂靠的核心财税问题进行分析。

一、挂靠行为，你告诉税务机关了吗？

在以前的营业税中，对于挂靠的纳税主体已经有明确表述，如营业税条例实施细则第十一条规定，单位以承包、承租、挂靠方式经营的，承包人、承租人、挂靠人（以下统称承包人）发生应税行为，承包人以发包人、出租人、被挂靠人（以下统称发包人）名义对外经营并由发包人承担相关法律责任的，以发包人为纳税人；否则以承包人为纳税人。在营改增的财税2016年36号文中，依然延续了营业税的口径。这里有两个关键点：

一个是承包、承租和挂靠虽然成因不同，但在纳税主体处理上统一；另一个是看以谁的名义经营，自然就应该以谁作为纳税主体。承包和挂靠的另一个问题是承包人和挂靠人的收益如何交税。通常情况下，挂靠方和被挂靠方都是约定由被挂靠方取得管理费性质的固定收益，而项目建筑服务取得的剩余收益应由挂靠方取得，关于挂靠方自然人取得这部分剩余收益的缴税问题，在《国家税务总局关于个人对企事业单位实行承包经营、承租经营取得所得征税问题的通知》（国税发〔1994〕179 号）文件进行了界定：承包、承租人按合同（协议）的规定只向发包、出租方交纳一定费用后，企业经营成果归其所有的，承包、承租人取得的所得，按对企事业单位的承包经营、承租经营所得项目，适用 5% ~35% 的五级超额累进税率征税。

由此可见，在税法中对于挂靠行为的涉税界定无论是挂靠方还是被挂靠方，其实是较为清晰的，但问题在于实务中，几乎所有的挂靠行为均采用私下操作方式，也就是向税务机关隐瞒了挂靠模式，统一以被挂靠方名义面对税务机关。这就使得挂靠情况变得十分复杂，加上实际操作中双方对各自权利义务的不同界定和风险的不同划分，导致挂靠成为一个财税争议问题。为了更加贴近实际，我们后续的分析也假定挂靠行为采取了向税务机关隐瞒的方式。

二、挂靠方是否向被挂靠方提供了资金账户？

这本不算一个问题，既然统一对外，挂靠方需要以挂靠方名义对外经营，统一名义的账户是必须的。但实务中还是曾经出现了三种情况：

第一，被挂靠方施工企业向挂靠方自然人提供了日常经营账户。这种情况下，项目建设单位向被挂靠施工单位账户支付相关款项，再从该经营账户流向供应商、合作方账户，完成较为规范的现金流循环。但由于日常经营账户在被挂靠方控制之中，挂靠方自然人的资金流要受到被挂靠方财务的严格监管，而很多时候，这种监管是以牺牲效率为代价的。

第二，被挂靠方施工企业向挂靠方自然人提供了单独的项目部临时账户，且该账户由挂靠方自然人实际控制；这种情况下的账户虽然也是被挂靠方名义开设，但完全交由挂靠方自然人控制，规范的现金流循环依然可以实现，但被挂靠方施工企业的监管较弱，风险较大，而相反，挂靠方自然人拥有较大的自主权和支配权，运营中可以实现资金流的快速流转。

第三，被挂靠方施工企业未向挂靠方自然人提供账户。这是一种较为极端的情况，但在实务中并不少见。被挂靠方由于种种原因拒绝向挂靠方自然人提供自己的账户，导致资金流循环出现混乱，建设单位无法按照施工合同要求向施工企业账户支付工程款，实务中常常将款项直接支付实际挂靠的自然人账户，最后以委托付款手续强行入账。营改增后，增值税发票的全国联网使得这种操作方式已经无法继续实施。

三、挂靠方项目部账务是否并入被挂靠方公司账务?

理论上讲，既然挂靠方项目部以被挂靠方名义施工，应统一并入被挂靠方账务体系之中，以前营业税时，存在众多项目部账务独立在外的情况，被挂靠方施工企业私自隐瞒挂靠项目部业务，挂靠方项目部账务只需要对实际挂靠人负责，根本不对外，在操作过程中一些项目部的账务出现核算不规范、票据不健全的严重情况，造成国家税收流失的同时也给双方带来巨大的财税风险。更为荒唐的是，很多建筑施工企业每年大量开展异地施工，等到营改增时累计 12 个月收入却还不足 500 万元，按照小规模企业确认增值税身份!

营改增后，增值税的一统天下和金税三期的普遍实施使得这种隐瞒项目部收入的情况无法继续，甚至很多曾经隐瞒但尚未完工的项目已经在营改增后被迫浮出水面，面临企业所得税的补税、罚款和滞纳金惩罚，给挂靠双方带来巨大税收风险。那么并账在增值税时代就成为必然选择，新问题出现了：挂靠双方谁来负责做账？是挂靠方完成项目部账务并入施工方，还是施工方财务直接就项目部业务做账？实务中两种情况都有，站在挂靠双方任何一方其实都希望能够自行掌握做账主动权，避免项目推进过程中由于细节的争议造成被动。

四、挂靠方自然人实际收益如何拿走？

按照双方约定，挂靠方获得剩余收益，被挂靠方获得固定比例的管理费用。那么，实务中剩余收益的处理就成为一个重大问题。

如果项目部账务和被挂靠方公司账务不合并，项目部也由挂靠人掌控独立临时账户，或者压根就没有提供账户，那么挂靠人的收益必然从私下转移。这种情况已经不复存在，不再赘述。真正的麻烦出在双方账务合并。账户统一的情况下，如前所述，由于双方选择将挂靠行为向税务机关隐瞒，那么挂靠方自然人利润就不可能从被挂靠方公然拿走，实务中在这个地方大量出现的是以票抵账行为。在以前的营业税征管环境下，代开发票的随意和监管的宽松导致建筑业营业税发票较易取得，挂靠人可以通过私立名目代开建筑业营业税发票冲抵被挂靠人账务，借机拿走本属于项目利润的部分。更有甚者，私下购买假的增值税销售发票冲抵被挂靠人账务，这些违法操作手法最终给被挂靠方带来巨大的风险和隐患。增值税时代，除个人外，发票代开口子几乎关死，税务机关对于虚开增值税发票的打击力度也日益增大，这些使得挂靠人取得虚开、代开发票抵账的操作难度和风险都大大增加！

五、被挂靠方施工企业所得税征收方式是什么？

按照税法规定，所得税征收方式分为两种，一种是针对规范企业的查账征收，一种是针对不规范企业的核定征收。以前施工企业由于异地施工的监管难度，很多地方税务机关采取了核定征收的方式，由于核定征收对合规票据要求不严格，导致实务中企业大量白条入账，一部分挂靠行为正是在核定征收的温床上滋生和蔓延开来！

目前，施工企业核定征收已经越来越少，查账征收替代核定征收也是一个趋势，这样一来，通过不规范的所得税核定钻空子操作挂靠的空间也将趋于关闭。

综上所述，我们从五个方面分析了建筑企业挂靠的本质和挂靠的实务操作关键要点，站在这五个角度上来看，营改增都是一个重要的分水岭，因为增值税时代无论是在发票开具还是监管机制上均发生本质的改变，这种改变至少包括以下三个方面：（1）建筑业施工发票从营业税的项目所在地代开模式变成增值税的机构所在地自开模式；（2）营业税监管中对资金流的宽松监管转变为增值税对三流合一的严格监管；（3）营业税未能实现的全国发票联网在增值税金税三期中得以严格实施。这三个改变对于所有营改增的企业是一场彻底的革命，强迫企业从不规范到规范，从随意到严谨，从违规到合法。

那么，对于挂靠行为也已经开始产生重大影响，这种影响和变化主要有以下三点：（1）建筑业挂靠行为必将受到重创，大量严重违规违法的挂靠行为将走向终点；（2）个别依然存续的挂靠行为实施难度和双方风险均增加，关键在于双方的并账风险和实际挂靠方拿走项目利润的风险；（3）不排除一些私下的挂靠行为借此机会走上前台，浮出水面，比如以承包经营的形式露面和纳税，但这又会给挂靠方带来个人所得税的风险，也给行业管理部门带来监管的新课题和新情况。

房地产企业高周转的主要障碍与解决思路

2018 年，碧桂园在内部文件中提出了“拿地同时开工，三个月展示区开放，五个月开始预售”的“035”政策，在行业引起轩然大波，也使得房企高周转问题成为讨论的热点。尽管后来碧桂园高周转的过度强调引发了很多问题，但对于房地产企业而言，周转速度的提升仍然是解决资金压力、提升资产回报率的重要手段。

一、实务中影响高周转的主要障碍

1. 产品标准化程度不够

每个项目虽然有所不同，但总是可以找到标准化的规律和实施方案，遗憾的是，大多数中小地产公司在这个问题上研究很少，导致每个项目必须从头研究、确定户型和设计，影响时间。

2. 报建手续速度慢

这里面有内部管理和团队原因，也有企业与政府机关沟通协调原因。

3. 工程进度慢

政府政策原因（如北方的治理雾霾措施）、乙方实力和管理水平都会影响工程进度，从而影响预售节点和交房节点的时间。

4. 资金不到位

资金不到位导致报建手续迟滞不前，工程进度延缓也是常见的问题。

5. 管理与团队原因

内部管理不到位，团队人员素质影响，激励政策欠缺，最终导致内部员工积极性不够，部门之间协调困难，推诿严重，项目进度受到影响。

6. 项目遗留问题

很多项目存在较多遗留问题，尤其是中途接手项目，可能会因为前期的问题影响后期的进度。

二、企业结合自身情况找到提升周转速度的方法和思路

1. 理顺内部管理体制

房地产公司是项目制运转，项目和职能管理之间的协调始终是一个大问题。作为项目总经理，是否真正配置了对应的责权利？这是理顺内部管理体制的关键：

（1）项目总经理必须能够对项目负责任。

（2）项目总经理必须拥有项目管理对应的权力。

（3）项目总经理必须享受对应的利益。

（4）拥有可替换的人才团队。

碧桂园的大运营中心、双享体制、未来领袖计划，均是针对上述问题的解决方案。

2. 企业文化和工作作风

拖沓、推诿、不用心，是很多企业的通病，如何能够通过企业文化建设影响员工的思想和行为，并最终形成公司好的工作作风，是非常重要的执行力保障。比如碧桂园始终强调的“今日事今日毕”看似简单，其实正

是良好作风的体现。

3. 工作效率与科学管理

要想做到高周转，审批速度、开工速度、预售速度是三个关键节点，如果等拿到地按部就班开始其他工作，固然不能说错，但可能失去先机。如何实现项目的科学管理，如何通过平行推进工作的时间协调，甚至将关键工作进行前置，实现更高效率，是所有房企应该下功夫去琢磨和改进的关键点。

4. 产品标准化

房企固然有金融特点，但依然是扎扎实实生产产品的企业，标准化的产品不仅仅是高品质的保障，也是高周转的保障。

当然，如何处理标准化与个性化产品的协调统一也是需要关注的重点。

5. 项目遗留问题的发现与解决

尤其对于收购项目，一定要做好尽职调查，包括法律和财税两个角度，作为财务总监，在调查中尽可能发现所有风险，并通过测算，预判解决难度、成本和时间，作为最终是否收购的决策依据。避免出现收购后发现新的风险，或者收购后发现原有风险预判不足的尴尬情况。

6. 资金保障

不打无准备之仗，因为资金原因倒下的企业不在少数，确保在资金流回正之前为公司准备足够的资金。

7. 关注股东投资回报率

企业股东最关注的永远是投资回报率，这受到三个指标影响：销售净利率、资产周转率和财务杠杆。资产周转率是其中的重要指标，但不是唯一指标，还要关注三个指标之间的协调。

房地产企业股权收购中的财税工作清单

第一，作为财务总监，要参与股权收购的全过程，包括尽职调查、谈判、合同签署、款项支付和重要节点控制。

第二，收购方和被收购方在此兼并重组过程中的关注要点是完全不同的，成功的收购必须在坚持己方底线的基础上兼顾对方底线。

第三，收购方应关注的要点如下：

（1）财税尽职调查应作为谈判的第一步，充分发现和暴露问题；

（2）项目收购总价款中股权收购款和债权收购款的组成与计算；

（3）收购价款的支付对象应准确界定，避免资金流混乱；

（4）收购中原股东有无股权转让溢价，是否需要收购方代扣代缴个人所得税或企业所得税（境外股东）；

（5）土地账面成本与收购总价款之间的溢价是无法重新计入土地成本的，谈判的关键不是设计假发票来冲账，而是这部分溢价引发的未来潜在税款双方在谈判中如何看待、如何承担；

（6）潜在或有负债的风险是否有应对策略，协议中有无解决方案；

（7）收购款项支付的节点设计与事后的把控与监督；

（8）目标公司现有业务与合同未来的衔接与风险。

第四，被收购方应关注的要点如下：

（1）尽职调查中的财税问题与风险有无解决方案和弥补办法，尽可能减少因财税风险导致谈判被动；

（2）收购总价款中股权收购价款和债权收购价款的计算与认定；

（3）股东和投资人收购中的支付对价如何设计路径，尤其是债权债务的清理工作；

（4）股东是否存在股权转让溢价，如何缴税，是否需要对方代扣代缴；

（5）收购款项支付的节点设计与事后把控与监督。

第五，特殊旧城改造收购项目关注要点如下：

（1）项目改造主体、投资主体和开发主体分别是谁，是否存在三者一体或者两者一体情况；

（2）在新设项目公司拍地模式中，新设公司土地成本的确认至关重要；

（3）新设项目公司拆迁补偿协议应由哪几方签署；

（4）新设项目公司支付拆迁补偿款给投资主体是否需要通过城改办；

（5）新设项目公司拆迁补偿协议入账需要取得哪些关键证据链条；

（6）旧城改造收购项目中的溢价在哪个环节体现，新设项目公司股权转让环节还是拆迁补偿环节。

第六，房地产企业股权收购中，财务负责人要帮助企业测算和设定底线，至少包括以下五条：

（1）收购总价款落在什么范围内，超过什么标准无法再谈？

（2）项目土地成本必须确保的入账数字标准是多少？

（3）项目土地溢价对应的税款影响是多少？

（4）收购中涉及的股权转让溢价和税款是多少？

（5）项目整体的税负测算是什么状况？

富豪的盛宴：
龙湖的股权转移与家族财富传承的避税之路

一、背景介绍

2018年11月22日，龙湖集团发布公告：董事会已获汇丰信托知会，作为家族财富及传承计划的一部分，蔡馨仪作为设立人成立了女儿信托（女儿信托，蔡馨仪设立的一项全权信托）并委任汇丰信托为受托人；于11月21日SilverSea的全部已发行股本由母亲信托分派予女儿信托。公告并未披露蔡馨仪的具体年龄。Charm Talent为SilverSea的全资附属公司，而SilverSea为汇丰信托作为吴亚军设立的吴氏家族信托（母亲信托）的受托人身份全资拥有的公司。母亲信托的受益对象为吴亚军的若干家族成员，包括蔡馨仪。公告显示，分派前，Charm Talent持有本公司控股权益，即26.09亿股股份，占龙湖集团已发行股本总额约43.98%。按照当期市值评估，总价值超过500亿元。

继分派后，SilverSea的全部已发行股本由汇丰信托以其作为XTH信托女儿信托的受托人身份全资拥有。公告显示，此次股权转让是吴亚军为了家族财产管理及传承。

二、家族信托是个什么“鬼”

家族信托是一种信托机构受个人或家族的委托，代为管理、处置家庭财产的财产管理方式，以实现富人的财富规划及传承目标。在高净值人群单独财富传承中，常常有三个问题比较棘手：第一是财富的安全性；第二是会不会导致下一代奢侈滥用；第三是是否涉及巨额税款。家族信托的发明和流行，本质上是为了解决这三个问题，我们举个例子来看一看（如图1）：

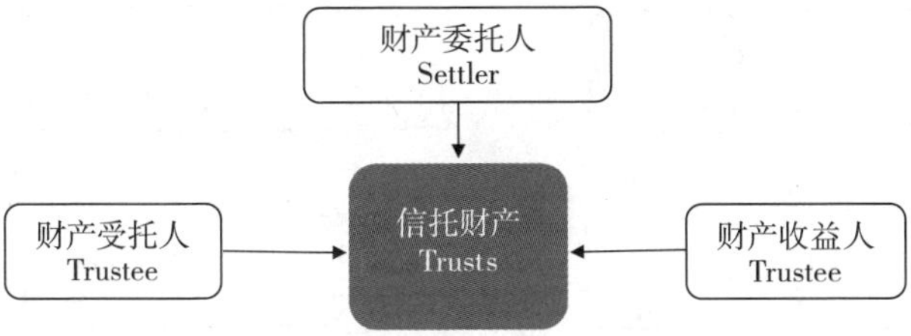

图1

李先生作为财产委托人，将自身拥有的财产（包括股权、房产、古董等）委托给受托人（通常为专业信托公司）进行管理，并约定未来在达到某种条件后将财产或财产收益权逐步转移给财产受益人。其实家族财产信托本质上就是一个复杂的契约关系，这个契约关系中有几个要点需要特别注意：

（1）信托一旦实施，财产的所有权就从财产委托人李先生名下转移到了财产受托人名下，李先生失去了随意控制和掌控的权力。

（2）信托安排中李先生可以自由设计财产受益人取得财产的方式和时间节点，如成年得到多少、结婚得到多少、有了小孩得到多少等等。灵活且可靠的安排最大限度地防止子女对于财富的滥用。

（3）未来无论李先生的公司或者李先生本人面临何种债务风险或者法律风险，这部分信托资产始终是安全的，因为其所有权已经不属于李先生，而属于信托公司。

（4）这种财产权益的转移没有通过直接的财产转让来实施，而是通过所有权与收益权的分离，在所有权不变的情况下通过收益权的转移来实现权益的转移，这在绝大多数国家是不需要缴纳交易税和遗产税的，客观上达到了避税的目的。

三、龙湖的套路深似海

普及了信托知识，现在可以回过头看看龙湖的玩法了（如图2）：

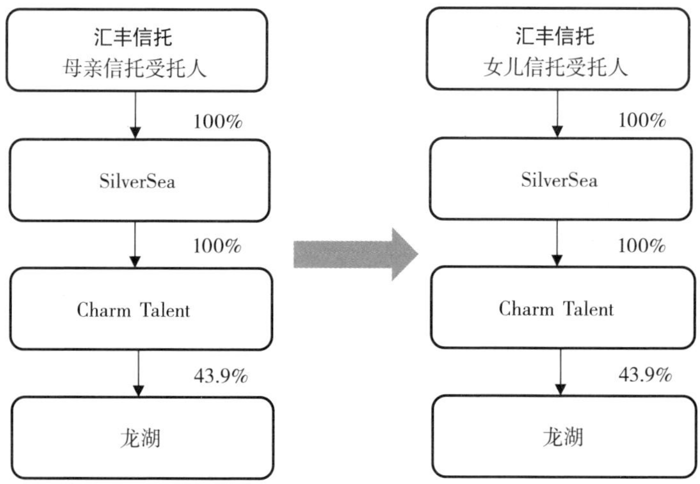

图2

龙湖43.9%股权为Charm Talent公司持有，而SilverSea公司又持有Charm Talent公司100%股权，最上层是汇丰信托持有Silver Sea公司100%股权，当然汇丰信托一直以来就是吴亚军母亲信托的受托人身份，因此成为这部分股权最终的所有人。本次的所谓“龙湖股权转移”本质上并不是股权转移，而是在家族信托层面的信托受益人的转移，因此在右边我们看到龙湖的股权架构并未发生变化，最上层依然是汇丰信托，唯一不同的是汇丰信托现在是女儿信托的受托人。

因此整个信托分派的变化本质上并未改变股权结构，不需要按照财产转移或者股权转让缴纳任何税费。这正印证了我们前面关于家族信托避税的说法。事实不止于此，股权的转让并不影响吴亚军在龙湖集团的话语权。根据龙湖的公告称，资产分派之后，吴亚军仍将担任龙湖集团董事会主席兼执行董事。蔡馨仪已向吴亚军承诺，据此，其无条件承诺及保证促使 CharmTalent 根据吴亚军的指示行使 CharmTalent 所持本公司股份的投票权。由此可见，信托机制在所有权与收益权分离的基础上还完美实施了控制权与所有权的分离，实属现代产权机制的最高水平玩法。

02

财税风险篇

我们的底线在哪里

做企业最大的问题不是赚钱，
而是风险防范，
领导者的风险底线就是企业的风险底线。

财税咨询中的魏文王与蔡桓公

《史记·鹖冠子》中有这样一段话。魏文王问扁鹊曰：“子昆弟三人其孰最善为医？”扁鹊曰：“长兄最善，中兄次之，扁鹊最为下。”魏文侯曰：“可得闻邪？”扁鹊曰：“长兄於病视神，未有形而除之，故名不出於家。中兄治病，其在毫毛，故名不出於闾。若扁鹊者，镵血脉，投毒药，副肌肤，闲而名出闻於诸侯。”

这段文字有些晦涩，翻译过来就是：魏文王问名医扁鹊说：“你们家兄弟三人都精于医术，哪一位最好？”扁鹊答说：“长兄最好，中兄次之，我最差。”文王再问：“为什么你最出名？”扁鹊答说：“长兄治病，是治病于病情发作之前。一般人不知道他事先能铲除病因，所以名气无法传出去，只有我们家的人才知道。中兄治病，是治病于病情初起之时。一般人以为他只能治轻微的小病，所以他的名气只及于本乡里。我治病，是治病于病情严重之时。一般人都看到我在经脉上穿针管放血、在皮肤上敷药做大手术，以为我的医术高明，名气因此响遍全国。”扁鹊固然是自谦，但现实生活中的确名气最大的未必是本事最大，反过来，本事最大的往往能够防患于未然，反而无法给人造成深刻印象，名气偏偏最小。我把这种反差称为“扁鹊悖论”。从事企业财税咨询服务多年，很多时候恰恰陷入这种悖论之中。作为很多企业的顾问专家，在企业存在隐患尚未爆发的时候提醒企业，往往得不到企业重视，甚至有些决策者不以为然的同时还另有想法。同样的事情其实扁鹊也遇到了。

《韩非子·喻老》中记载了扁鹊的另外一个故事——《扁鹊见蔡桓公》。

扁鹊见蔡桓公，立有间，扁鹊曰："君有疾在腠理，不治将恐深。"桓侯曰："寡人无疾。"扁鹊出，桓侯曰："医之好治不病以为功。"

居十日，扁鹊复见，曰："君之病在肌肤，不治将益深。"桓侯不应。扁鹊出，桓侯又不悦。居十日，扁鹊复见，曰："君之病在肠胃，不治将益深。"桓侯又不应。扁鹊出，桓侯又不悦。居十日，扁鹊望桓侯而还走。桓侯故使人问之，扁鹊曰："疾在腠理，汤熨之所及也；在肌肤，针石之所及也；在肠胃，火齐之所及也；在骨髓，司命之所属，无奈何也。今在骨髓，臣是以无请也。"居五日，桓侯体痛，使人索扁鹊，已逃秦矣。桓侯遂死。

这段文字好理解，就不再翻译。实务中的蔡桓公比起魏文王可谓差距甚大，扁鹊三番五次提示风险，桓公以为扁鹊另有想法不以为然，等到最后病发不治，神医也无能为力！很多时候同企业决策者的沟通就不由得想起《扁鹊见蔡桓公》这篇文章，不由得一声叹息。风险未显露之前，人们总是不愿意相信。只有问题爆发、亡羊补牢之时，甚至税企矛盾尖锐之时，企业才想到发挥专家的力量。因此很多时候并未真如我自己期望的那样，防患于未然，化问题与无形，偏偏更多的是为企业实施涉税危机管理，从事"挽狂澜于既倒"这样极为刺激的所谓大事。实在是感慨万分。其实也不奇怪，短视与拖延，正是人性的弱点，在财税问题上，看问题只看眼前，遇事能拖则拖，很多时候不事到临头不能用十二分精神来面对，一直是一种普遍现象。

作为财税领域从业者，唯希望曾经在财税上跌过跟头、遭遇过教训的企业能够理解预防的重要，不能每次等到躺在病床才后悔平日未曾锻炼。有朝一日，企业家们都能看到、理解、深刻体悟“扁鹊的悖论”，要做魏文王，不要做窝囊死去的蔡桓公，那样企业的财税管理自然变得轻松。我等所谓专家，也可以真正从“救火队员”中解脱出来，成为企业财税管理的设计者、预防者和护航者。

企业无法按时取得发票该怎么办

发票是财税处理证据链条中最重要的关键环节，能否及时取得发票是关系企业财税风险的主要成因。

一、年内未及时取得发票是否影响所得税预征？

假如企业5月份委托其他企业提供服务，并支付了服务款项，但未取得发票，遇到这种情况财务人员的第一个问题是如何进行账务处理，是正常计入费用还是暂时计入预付。站在财务核算的角度，所有业务处理均应该遵循权责发生制原则，既然业务已经发生，就应当正常核算计入费用，至于发票尚未拿到，可暂按合同金额进行暂估入账，不要因此影响会计损益。如果计入预付，会导致当期损益配比失衡。企业所得税也是如此规定。《中华人民共和国企业所得税法实施条例》（中华人民共和国国务院令第512号）第九条规定："企业应纳税所得额的计算，以权责发生制为原则，属于当期的收入和费用，不论款项是否收付，均作为当期的收入和费用；不属于当期的收入和费用，即使款项已经在当期收付，均不作为当期的收入和费用。本条例和国务院财政、税务主管部门另有规定的除外。"

财务人员遇到的第二个问题是季度预征所得税能不能扣除无票费用。

这其实不是个问题，季度预征所得税是以会计利润为基础进行纳税申报，如果会计核算已经计入损益，当然不会影响季度预征。问题是这有没有风险。企业所得税是按照年度计算缴纳的，因此预征并未要求一定要马上取得发票，政策为证——《国家税务总局关于企业所得税若干问题的公告》（国家税务总局公告2011年第34号）规定：“六、关于企业提供有效凭证时间问题，企业当年度实际发生的相关成本、费用，由于各种原因未能及时取得该成本、费用的有效凭证，企业在预缴季度所得税时，可暂按账面发生金额进行核算；但在汇算清缴时，应补充提供该成本、费用的有效凭证。”

二、年末未及时取得发票是否影响所得税汇算清缴?

企业所得税是按年度汇算清缴，年末仍未取得当期发生费用的发票，当然是有问题的，但鉴于汇算清缴的最终截止时间是在次年度的5月底之前，因此税法上述文件（国家税务总局公告2011年第34号）对于发票取得的最后时间也做了规定，要求必须在汇算清缴时补充提供有效凭证。如果汇算清缴时仍未取得发票，就必须在纳税申报表中进行调增，不得扣除。这里还有两个问题需要注意：问题一，如果财务人员在费用发生年度内仅仅做了预付处理，未将该笔费用计入损益，这个时候就会比较麻烦，取得发票首先要进行以前年度损益调整，然后在纳税申报中调整扣除。问题二，财务人员在费用发生当期未计入当期损益，次年度取得发票直接计入次年度费用，是否可以在次年度汇算清缴扣除？居然有很多财务人员持这种观点。我们认为，无论次年度取得的发票是费用发生当年度开具的还是次年度开具的，根据企业所得税扣除原则，均应该遵循权责发生制，详见上文《中华人民共和国企业所得税法实施条例》（中华人民共和国国务院令第512号），此处不再赘述。

三、汇算清缴后才取得发票怎么办？

接着上面的案例，企业一直到次年汇算清缴还没有取得发票，当年度所得税前当然不能扣除。然而汇算清缴后的次年度9月份取得了发票，此时，当期汇算清缴已经结束，还能不能扣除？如果能，是追溯到费用发生当期扣除还是在取得发票当年扣除？答案还是蕴含在“权责发生制”当中，坚持和理解这个原则，答案就呼之欲出：必须在费用发生当期扣除。问题是当期汇算清缴已经完成，怎么办？税务机关就这种情况单独做了规定。《国家税务总局关于企业所得税应纳税所得额若干税务处理问题的公告》（国家税务总局公告2012年第15号）第六条规定，对企业发现以前年度实际发生的、按照税收规定应在企业所得税前扣除而未扣除或者少扣除的支出，企业做出专项申报及说明后，准予追补至该项目发生年度计算扣除，但追补确认期限不得超过5年。此规定需要注意以下几个关键点：（1）必须遵循权责发生制，但只给了企业5年时间来做补救，过久的费用扣除不再确认，这一点和税收征管法中的相关时间限制是一致的。（2）由于当期汇算清缴已经完成，必须向税务机关进行专项申报，由税务机关来对企业前期已完成汇算清缴进行调整。（3）在此过程中再次强调财务人员的会计处理选择，切不可认为无票就不做账或不计入损益，而应当严格遵循权责发生制进行处理。

高风险个税操作方法，你中枪了没有

实务中，高管和股东的个税问题始终是一个焦点问题，在老板和高管的压力之下，各企业财务部门可谓“八仙过海，各显神通”。常见的有以下五种高风险操作方法。

一、报酬分解操作法

将应发的工资薪金进行分解，分解为工资、奖金、职工福利（如交通补贴、通讯补贴、住房补贴）等。

新个税法中，工资资金均为综合所得，按年度统一汇总计算，分解变得没有意义。分解职工福利费貌似有用。但职工福利费就不需要缴纳个人所得税吗？实务中虽然执行宽严程度不同，但从税法精神来讲，交税是毋庸置疑的。当然交通补贴和通讯补贴在各省税务机关有规定限额的情况下可以有适当空间进行调整安排。

二、工资薪金拆分法

将应在一个公司发放的工资薪金拆分到多个公司发放，在多处享受5000 元个税起征点政策；新个税法实施后，按照综合所得征税，此方法已完全行不通了。

三、零星票据抵账法

将工资或者奖金不直接发放，要求当事人寻找各种零星票据报销抵账。表面看，零星费用只要取得发票报账表面似乎看不出来，但实际存在很多漏洞。首先是发票的时间问题，过久的发票显然不能报销，只有当月或者近期的发票才能报销；其次是发票的种类问题，餐饮发票通常意义不大，常用的多为交通费、油费发票、差旅发票以及电子产品、办公用品等，作为财务来讲无法掌控发票的具体类型和数量，会导致成本费用结构的混乱和不稳定。如表现为某一方面的费用在某个阶段特别高，而另一阶段却又无理由的特别低。比例的失衡自然容易引发税务机关的怀疑，导致风险爆发。

四、整体费用消化法

整体设计一块费用，设法取得发票计入公司整体成本或者费用，将对应资金支付转移出去，发放工资薪金或支付分红。这种方法不再由报销个人积攒和寻找零星票据，而是由公司统一设计某种费用或者成本，取得对应的发票，相比零星票据的不稳定，这部分费用可能在企业账务中表现为较为稳定的成本费用，隐蔽性更强。但在营改增后，大范围代开发票的杜绝和资金流的严格监管使得这种方法实施的可行性下降，风险爆发的几率增加。

五、强行借款抽逃法

强行将工资或分红以关联方借款的形式调出公司，将借款长期挂账。相比前面的方法，最简单的操作当然是直接将钱借走，借款的主体通常会是股东、高管。针对这种情况，税务机关早就有了应对策略：股东或高管从公司借款，年度终了既未归还又未用于公司经营的，可视为分红。更加隐蔽的操作就是干脆将借款主体置换为非关联方个人，可以规避刚才政策的实施。但长期挂账的借款也依然会造成整个财务系统的失衡，带来更大的麻烦。

六、隐瞒收入两套账法

通过隐瞒收入，形成账外资金循环，用这部分账外资金解决超支的工资薪金和支付分红。对于很多特殊行业的经营而言，开票收入可能只占整体收入的一定比例，那么企业存在将不开票部分收入隐瞒起来的巨大冲动。这种收入的隐瞒必然带来账外资金，处于监管之外的账外资金无论是用来分红、支付超支的工资薪金，还是从事灰色交易自然都十分方便。因此，关于隐瞒收入的斗智斗勇长期以来是税务机关和企业博弈的重点，不管是长期性隐瞒还是阶段性隐瞒，都为税务机关所不能容忍。营改增后，随着监管的深入，收入隐瞒变得越来越艰难，强行隐瞒会给企业带来巨大隐患，甚至灭顶之灾。

伴随着税制改革的一步步动作，中国的税收征管和稽查体系会将漏洞一一补上，企业通过违规手段操作规避税款的很多做法将成为历史。在个税减税改革的背景下，税务机关也必然加强个税监管。高风险个税操作方法可以休矣。

个税改革之高净值人群的噩梦与机遇

个税改革方案尘埃落定，多数专家和国内民众的注意力集中在起征点、税率、扣除等领域，但对于工作、生活、投资跨越境内外的高净值人群，本次个税改革其实发生了重大变化，必将对高净值人群产生关键性影响。

一、被很多国内专家忽视的重要条款

本次个税改革，最大的一个变化首先是税务居民的界定。这个界定决定了高净值人群在海外收入要不要回到国内交税。我们来看条款的变化：

原《个人所得税法》	新《个人所得税法》（2019 年 1 月 1 日施行）
第一条 在中国境内有住所，或者无住所而在境内居住满一年的个人，从中国境内和境外取得的所得，依照本法规定缴纳个人所得税。 在中国境内无住所又不居住或者无住所而在境内居住不满一年的个人，从中国境内取得的所得，依照本法规定缴纳个人所得税。	**第一条** 在中国境内有住所，或者无住所而一个纳税年度内在中国境内居住累计满一百八十三天的个人，为居民个人。居民个人从中国境内和境外取得的所得，依照本法规定缴纳个人所得税。 在中国境内无住所又不居住，或者无住所而一个纳税年度内在中国境内居住累计不满一百八十三天的个人，为非居民个人。非居民个人从中国境内取得的所得，依照本法规定缴纳个人所得税。 纳税年度，自公历一月一日起至十二月三十一日止。

这个条款界定的关键是个人境外所得要不要在中国境内交税，判断标

准是两个：一个是住所，一个是居住时间标准。我们分别来做分析。

二、扑朔迷离的住所定义

《个人所得税法实施条例》第二条这样解释住所："税法第一条第一款所说的在中国境内有住所的个人，是指因户籍、家庭、经济利益关系而在中国境内习惯性居住的个人。"《民法通则》这样解释住所："公民以他的户籍所在地的居住地为住所，经常居住地与户籍所在地不一致的，经常居住地视为住所。""经常居住地"应当理解为连续居住1年以上的居住地，并有长期居住目的的。如果公民由其户籍所在地迁出后，尚未迁入另一地，又无经常居住地的，仍应以原户籍所在地为住所。可以看到住所的判定其实并不完全清晰。首先户籍是标准，但看起来并不是唯一标准，实务中如何界定，仍需税务机关进一步明确。比如拥有国内户籍的企业家在境外常年居住，或者外国人在国内常年居住。

三、明确清晰的183天

新税法规定即使在中国境内无住所，只要住满183天，也要就境内境外两部分收入在境内交税。原来的界定标准是境内居住满一年，个税实施条例这样解释："税法第一条第一款所说的在境内居住满一年，是指在一个纳税年度中在中国境内居住365日。临时离境的，不扣减日数。前款所说的临时离境，是指在一个纳税年度中一次不超过30日或者多次累计不超过90日的离境。"看起来如果不想就境外收入在境内交税，只要设计一次超过30日的离境或者全年累计离境90日即可，这是一个很容易实现的任务。新税法将满一年修改为183天，简单、清晰、严厉，而且也同国际标准基本统一。无论外籍人士还是境内公民，只要境内没有住所的，都按照183天入境记录判断纳税地点。

四、套路比海深的 CRS + 个税改革

CRS 是金融账户涉税信息自动交换标准（Common Reporting Standard）的简称，自经合组织（OECD）发布《金融账户涉税信息自动交换标准》后，立即获得各国和地区的广泛响应，目前已有 100 个国家（地区）表示参与，中国是其中之一。2017 年 5 月我国发布了《非居民金融账户涉税信息尽职调查管理办法》（以下简称《管理办法》），2018 年 9 月将首次对外交换信息。比如，中国和加拿大两国如果都承诺交换信息，意味着中国移民加拿大的高净值人群如果已经不属于中国税收居民，在中国内地的所有金融账户信息将被中国政府提交加拿大政府，加拿大政府要根据本国法律判断是否需要在加交税。反之，加拿大政府也会将对应“认亲”在加拿大的金融账户提交中国政府。

所以个税改革中税收居民身份的界定同 CRS 的推出是完整的一个套路，对于中国政府来讲，高净值人群不外乎出现两种情况：第一，你是中国税收居民，有住所或无住所在中国住满 183 天，需要就中国境内和境外收入全部申报在中国交纳个税，如果你隐瞒申报，没关系，对方国家政府会将你的账户信息交换给中国政府。第二，你不是中国税收居民，在中国境内没有住所，也没有住满 183 天，可能属于别国税收居民，那也应该就中国内地收入在境内交税，同时，如果需要，中国政府会将你的境内账户交还给别国政府。

CRS 体系 + 个税改革，的确是套路比海深！游走在境内境外的高净值人群还要在境内外配置资产、配置收入，一定要同时关注这两个问题。

目前，61 个国家和地区的中国税务居民金融账户信息将交换回中国，包括：安圭拉、阿根廷、澳大利亚、比利时、克罗地亚、塞浦路斯、捷克、丹麦、爱沙尼亚、法罗群岛、芬兰、法国、德国、直布罗陀、伯利兹、百慕大、巴西、英属维尔京群岛、保加利亚、加拿大、开曼群岛、哥

伦比亚、哥斯达黎加、希腊、格陵兰、根西岛、匈牙利、冰岛、印度、印度尼西亚、爱尔兰、马恩岛、意大利、日本、泽西岛、韩国、拉脱维亚、列支敦士登、立陶宛、卢森堡、马来西亚、马耳他、毛里求斯、墨西哥、蒙特塞拉特岛、荷兰、新西兰、挪威、波兰、葡萄牙、罗马尼亚、圣卢西亚、圣文森特和格林纳丁斯、萨摩亚、斯洛伐克、斯洛文尼亚、南非、西班牙、瑞典、特克斯和凯科斯群岛以及乌拉圭。发达国家除了美国，基本都在此列，而且更重要的众多的国际避税地如百慕大、英属维京群岛、开曼、萨摩亚也都在信息交换之列。高净值人群未来的资产转移和避税之路注定将更加艰难。

| 结论 |

（1）个税改革最重要的变化之一是税收居民的定义，住所和 183 天居留是判断标准，同国际基本接轨。

（2）属于中国税收居民应将全球收入在境内缴纳个税，不属于中国税收居民也应将境内收入在境内缴纳个税，因此税收居民身份的选择依然是高净值人员税收筹划的一个重要的空间所在。

（3）CRS + 税收居民标准将极大限制高净值人群在不同国家之间的资产和收入转移，将使得其资产转移和避税之路更加高难度。

个税改革之“可怕”的反避税条款

在大部分的税收安排中，都会有对应的反避税条款，所得税的特别纳税调整、增值税的视同销售和价格确认，这些都带有反避税的因素。原有的个税法中一直缺失这一块，在本次的修订中终于做了明确，虽然只有简单几条，但细思极“恐”。

一、个税新增加了哪些反避税条款？

《中华人民共和国个人所得税法》第八条有下列情形之一的，税务机关有权按照合理方法进行纳税调整：

（一）个人与其关联方之间的业务往来不符合独立交易原则而减少本人或者其关联方应纳税额，且无正当理由；

（二）居民个人控制的，或者居民个人和居民企业共同控制的设立在实际税负明显偏低的国家（地区）的企业，无合理经营需要，对应当归属于居民个人的利润不作分配或者减少分配；

（三）个人实施其他不具有合理商业目的的安排而获取不当税收利益。

税务机关依照前款规定做出纳税调整，需要补征税款的，应当补征税款，并依法加收利息。三种情形其实是两种情形，第三种属于兜底条款。

下面逐个分析。

二、通过关联交易减少个税应纳税额

关联交易是一个古老的话题，《特别纳税调整实施办法》中对于关联交易做了界定。关联关系，主要是指企业与其他企业、组织或个人具有下列之一关系：

（一）一方直接或间接持有另一方的股份总和达到25%以上，或者双方直接或间接同为第三方所持有的股份达到25%以上。若一方通过中间方对另一方间接持有股份，只要一方对中间方持股比例达到25%以上，则一方对另一方的持股比例按照中间方对另一方的持股比例计算。

（二）一方与另一方（独立金融机构除外）之间借贷资金占一方实收资本50%以上，或者一方借贷资金总额的10%以上是由另一方（独立金融机构除外）担保。

（三）一方半数以上的高级管理人员（包括董事会成员和经理）或至少一名可以控制董事会的董事会高级成员是由另一方委派，或者双方半数以上的高级管理人员（包括董事会成员和经理）或至少一名可以控制董事会的董事会高级成员同为第三方委派。

（四）一方半数以上的高级管理人员（包括董事会成员和经理）同时担任另一方的高级管理人员（包括董事会成员和经理），或者一方至少一名可以控制董事会的董事会高级成员同时担任另一方的董事会高级成员。

（五）一方的生产经营活动必须由另一方提供的工业产权、专有技术等特许权才能正常进行。

（六）一方的购买或销售活动主要由另一方控制。

（七）一方接受或提供劳务主要由另一方控制。

（八）一方对另一方的生产经营、交易具有实质控制，或者双方在利益上具有相关联的其他关系，包括虽未达到本条第（一）项持股比例，但一方与另一方的主要持股方享受基本相同的经济利益，以及家族、亲属关系等。

这个文件是站在企业角度谈关联交易，换个角度自然就是个税的关联交易了。当然，关联交易本身并无对错，但通过关联交易安排避税就可能存在问题，税法中也早有界定：要看是否具备合理的商业目的。加上避税安排通常伴随着价格的设计与调整，我们可以将关联交易避税手段分为以下两种。

1. 利益输送型

大多数的收入源头都来自交易，那么在关联交易中通过价格的设计，将利益输送到对应的企业和个人，可以实现规避个人所得税的目的。实务中，通常在税负较低区域设立企业，利用当地特殊的企业和个人税收政策将利润最终转化为个人合法收入。服务、管理等领域企业由于产品和经营的无形更易于采用此种手法。

2. 无中生有型

这种操作手法比利益输送型更进一步，不是针对已有的关联交易进行调整，而是根据产业链和业务特点重新设计新的关联交易，通过“无中生有”的交易实现利润的转移，在税务较低区域或税负较低公司实现企业税负和个人税负的降低。

| 结论 |

两种手段能否合法应用的核心在于是否具有合理商业目的，关于这一点如何界定，在税法上也并无清晰定义，实际上给了税务机关很大的自由裁量权。我们认为这种合理商业目的的核心在于业务和交易设计的真实性与合理性，虚假的业务设计和虽然看起来真实但不合理的业务设计同样有问题。那么无论是国内避税地公司还是个人成立的国际避税地公司，只要被界定为不具备合理商业目的，就将遭受税务机关的反避税调查，最终可能通过纳税调整被要求补税。

三、不分利润也可能惹来麻烦

新个税中的下面一条很多人可能还没有开始重视：居民个人控制的，或者居民个人和居民企业共同控制的设立在实际税负明显偏低的国家（地区）的企业，无合理经营需要，对应当归属于居民个人的利润不作分配或者减少分配。这一条实质上隐藏着一个非常“可怕”的逻辑：企业有了利润不分红给个人可能也会有麻烦！在传统的个税中，对于分红的界定基本上都以实际发生为标准，企业的利润未进行分配，税务机关不能质问企业你为什么不分，也不能以此为理由要求企业视为分红缴纳个税。但上面这一条明显有了突破，当然这一突破是有前提的：

（1）必须是居民个人控制的企业（关联程度非常紧密）。

（2）必须是设立在税负明显偏低的国家（地区）；这里的地区也应该是指境外，而非境内，这一点需特别注意。

（3）必须是认定为无合理经营需要。比如境内个人在英属维京群岛设立企业，没有实质经营活动，仅仅通过关联交易将利润输送给该企业，而该企业不做分红给个人，直接以企业名义持有这些资金或资产。现在税务机关会按照此条款进行强行穿透，视为个人已经拥有这部分收入并按照中国法律缴纳个税。

反避税条款作为本次个税改革的一个亮点却被很多人忽视。未来，在税务严征管的形势下，个人、企业与税务机关避税与反避税的争斗将日趋频繁，正确理解个税改革的反避税条款，看到其中蕴藏的“可怕”逻辑，回避低层次个税筹划手段，才是企业和个人的风险底线。

| 结论 |

（1）个税反避税条款是本次改革首次提出，从关联交易和利润分配两个重要环节实施监控。

（2）关联交易的核心在于业务设计的真实性与合理性，并非对于所有避税地安排一网打尽。

（3）利润分配在符合三个条件的情况下注定会引发税务机关关注，但正常经营的境内企业也无须因此担忧。毕竟，企业财产与个人财产还是有着本质的区别，税收穿透的原则不能被滥用。

哪些资金往来会被银行视为可疑交易

在所有交易的证据链中，只有资金往来最难以做假，而且最容易监控。因此金融机构通常会对于大额交易和可疑交易进行严密监控，防止企业或者个人出现违法行为。

一、什么是银行必须监控的大额交易？

（1）当日单笔或者累计交易人民币 5 万元以上（含 5 万元）、外币等值 1 万美元以上（含 1 万美元）的现金缴存、现金支取、现金结售汇、现钞兑换、现金汇款、现金票据解付及其他形式的现金收支。

（2）非自然人客户银行账户与其他的银行账户发生当日单笔或者累计交易人民币 200 万元以上（含 200 万元）、外币等值 20 万美元以上（含 20 万美元）的款项划转。

（3）自然人客户银行账户与其他的银行账户发生当日单笔或者累计交易人民币 50 万元以上（含 50 万元）、外币等值 10 万美元以上（含 10 万美元）的境内款项划转。

（4）自然人客户银行账户与其他的银行账户发生当日单笔或者累计交易人民币 20 万元以上（含 20 万元）、外币等值 1 万美元以上（含 1 万美元）的跨境款项划转。

二、什么是银行必须监控的可疑交易？

（1）短期内资金分散转入、集中转出或者集中转入、分散转出，与客户身份、财务状况、经营业务明显不符。

（2）短期内相同收付款人之间频繁发生资金收付，且交易金额接近大额交易标准。

（3）法人、其他组织和个体工商户短期内频繁收取与其经营业务明显无关的汇款，或者自然人客户短期内频繁收取法人、其他组织的汇款。

（4）长期闲置的账户原因不明地突然启用或者平常资金流量小的账户突然有异常资金流入，且短期内出现大量资金收付。

（5）与来自贩毒、走私、恐怖活动、赌博严重地区或者避税型离岸金融中心的客户之间的资金往来活动在短期内明显增多，或者频繁发生大量资金收付。

（6）没有正常原因的多头开户、销户，且销户前发生大量资金收付。

（7）提前偿还贷款，与其财务状况明显不符。

（8）客户用于境外投资的购汇人民币资金大部分为现金或者从非同名银行账户转入。

（9）客户要求进行本外币间的掉期业务，而其资金的来源和用途可疑。

（10）客户经常存入境外开立的旅行支票或者外币汇票存款，与其经营状况不符。

（11）外商投资企业以外币现金方式进行投资或者在收到投资款后，在短期内将资金迅速转到境外，与其生产经营支付需求不符。

（12）外商投资企业外方投入资本金数额超过批准金额或者借入的直接外债，从无关联企业的第三国汇入。

（13）证券经营机构指令银行划出与证券交易、清算无关的资金，与其实际经营情况不符。

（14）证券经营机构通过银行频繁大量拆借外汇资金。

（15）保险机构通过银行频繁大量对同一家投保人发生赔付或者办理退保。

（16）自然人银行账户频繁进行现金收付且情形可疑，或者一次性大额存取现金且情形可疑。

（17）居民自然人频繁收到境外汇入的外汇后，要求银行开具旅行支票、汇票或者非居民自然人频繁存入外币现钞并要求银行开具旅行支票、汇票带出或者频繁订购、兑现大量旅行支票、汇票。

（18）多个境内居民接受一个离岸账户汇款，其资金的划转和结汇均由一人或者少数人操作。

三、大额交易和可疑交易会引发何种后果？

（1）金融机构在发现大额交易和可疑交易后，应当履行大额交易和可疑交易报告义务，在5个工作日内向中国反洗钱监测分析中心报送大额交易和可疑交易报告，接受中国人民银行及其分支机构的监督、检查。

（2）某些大额交易和可疑交易涉及避税风险，税务机关可能会在税收检查中调查资金交易记录，判断是否存在避税或者逃税行为。

（3）企业财务人员应谨慎操作大额交易，避免出现可疑交易，帮助企业控制资金风险和涉税风险。尤其是公户与个人私户之间的资金大额往来和频繁往来。

| 参考文件 |

《金融机构大额交易和可疑交易报告管理办法》（中国人民银行令〔2016〕第3号）

企业对外支付资金流异常的检查清单

第一，资金流是判断业务真实性的重要证据，尤其是对于企业成本费用支出而言，无资金流、虚假资金流和异常资金流的背后都可能隐藏着违规行为。

第二，无论是哪一种资金流异常，实务中都给企业带来巨大的涉税风险。首先是增值税专用发票对应的进项不能够抵扣，其次是一旦认定为虚假交易，该笔支出在所得税前也不能扣除。不仅如此，企业还将面临税务机关的处罚，甚至涉及虚开增值税专用发票罪。

第三，企业发生交易，签署协议，取得发票但无资金流，通常意味着交易存在问题，很多的增值税发票虚开的最大特征就是无资金流。无资金流在企业账务中又表现为多种处理痕迹：

（1）强行计入应付账款，导致应付账款数额巨大，而且账龄时间较长，不合常理；

（2）按照股东、高管代付模式计入其他应付款，账面无资金流出；

（3）将应付账款强行消除，与其他往来科目对冲，无法做出合理解释的。

第四，虚假资金流是在账面显示货币资金减少，但实际并未真实支付的情况，又有两种类型：

（1）伪造资金出账票据，甚至无出账票据强行做账；

（2）以现金支付强行平账，甚至导致现金红字。

第五，异常资金流是显示有真实资金流出，但流出方向同真实业务和发票开具方不符，这种异常也分为三种情况：

（1）资金支付方和资金最终收取方均吻合，但中间多了一个代收代付环节。这种情况虽然看起来资金流异常，但实际上有合理商业目的，而且最终收取方是一致的，税务机关可以认可。

（2）资金支付方吻合，但资金收取方不符，以委托收款形式入账。如果企业不能拿出合理解释，将被税务机关视为异常，不予认可。

（3）资金支付方不符，但资金收取方吻合，以委托付款形式入账。同样，企业不能拿出合理解释的将被视为异常，不予认可。

第六，企业在日常业务中应特别关注资金流，真实性、合理性和相关性三原则适用于费用支出，同样适用于资金支付。不能同时满足三个原则的资金流就是虚假或异常资金流，一定会给企业带来巨大风险。

企业利润不分配股东也要交个税吗

这个问题解答的关键要看企业的主体身份。我们从有限公司（包括有限责任和股份有限）和合伙企业两类来进行分析。

一、有限公司不分配利润股东要交个税吗?

这个问题非常简单，从个税角度来讲，通常实际取得才应该缴纳个人所得税。按照税法规定，利息、股息、红利所得实行源泉扣缴的征收方式，其扣缴义务人应是直接向纳税义务人支付利息、股息、红利的单位。也就是说，有限公司应就分配给个人股东的分红代扣代缴个人所得税，但也必须是实际分配。貌似简单的问题实务中却存在诸多争议。

争议一：股东会决议分红了，但还没实际分配交不交个税?

决议分红，实际没分红，个人是否视为取得所得？这个问题一直有争议，1997 年国税总局给天津税务机关一个批复可以参考。《国家税务总局关于利息、股息、红利所得征税问题的通知》（国税函〔1997〕656 号）规定，扣缴义务人将属于纳税义务人应得的利息、股息、红利收入，通过扣缴义务人的往来会计科目分配到个人名下，收入所有人有权随时提取，在这种情况下，扣缴义务人将利息、股息、红利所得分配到个人名下时，即应认为所得的支付，应按税收法规规定及时代扣代缴个人应缴纳的个人所得税。这个文件设定了一个重要条件，就是企业做了分红的会计处理，税务机关视为股东有权随时提取，应扣缴个税。因此实务中企业在暂不分红的情形下，不要在账务中列支利润分配，尽可能保持账务列支和实际发放的一致性。

争议二：股东会未决议分红，个人股东从公司拿走钱交不交个税？

《财政部国家税务总局关于规范个人投资者个人所得税征收管理的通知》（财税〔2003〕158 号）第二条规定，纳税年度内个人投资者从其投资企业（个人独资企业、合伙企业除外）借款，在该纳税年度终了后既不归还，又未用于企业生产经营的，其未归还的借款可视为企业对个人投资者的红利分配，依照“利息、股息、红利所得”项目计征个人所得税。实务中这种情况非常常见，税务机关会在稽查中根据情况进行裁定。

争议三：公司出钱为个人股东购买个人消费品和奢侈品交不交个税？

对于这个问题，税法也有相关规定。财税 2008 年 83 号文件规定：符合以下情形的房屋或其他财产，不论所有权人是否将财产无偿或有偿交付企业使用，其实质均为企业对个人进行了实物性质的分配，应依法计征个人所得税。

（一）企业出资购买房屋及其他财产，将所有权登记为投资者个人、投资者家庭成员或企业其他人员的；

（二）企业投资者个人、投资者家庭成员或企业其他人员向企业借款用于购买房屋及其他财产，将所有权登记为投资者、投资者家庭成员或企业其他人员，且借款年度终了后未归还借款的。

| 结论 |

有限公司中，分红一定要缴纳个税，不分红通常不缴纳。但要特别注意警惕变相分红的两种情况：借款和个人消费。

二、合伙企业不分配利润股东要交个税吗?

合伙企业同有限公司在税制上完全不同，有限公司是企业所得税的纳税主体，而合伙企业不是企业所得税纳税主体。因此有限公司的分红是缴纳过企业所得税后的利润分配，合伙企业的分红则是未缴纳企业所得税的利润分配。那么合伙企业所得税怎么交?

根据《财政部国家税务总局关于合伙企业合伙人所得税问题的通知》(财税〔2008〕159号)第二条规定，合伙企业以每一个合伙人为纳税义务人。合伙企业合伙人是自然人的，缴纳个人所得税；合伙人是法人和其他组织的，缴纳企业所得税。也就是说，合伙人为个人的，只需要个人就分配的利润缴纳个人所得税；合伙人为法人企业的，只需要就分配的利润缴纳企业所得税。问题是如果不进行利润分配怎么办?

由于合伙企业同有限公司的巨大差异，税务机关就合伙企业的所得税做了特殊规定。《财政部国家税务总局关于合伙企业合伙人所得税问题的通知》(财税〔2008〕159号)第三条规定，合伙企业生产经营所得和其他所得采取“先分后税”的原则。前款所称生产经营所得和其他所得，包括合伙企业分配给所有合伙人的所得和企业当年留存的所得(利润)。

| 结论 |

无论合伙企业是否实际分配利润，都要按照先分后税原则，由合伙人缴纳个人所得税或企业所得税。

企业往来款项中的税收风险，你中招了吗

企业往来款项是财务报表中的重要内容，作为资金流最关键的核算科目，往往蕴含着税务风险，归纳起来有以下六种。

一、隐瞒收入风险

企业销售货物或者提供服务，按照协议要求收到对应的资金流入，通常应该确认为收入。实务中很多企业为隐瞒收入或推迟收入确认时间，将收入的资金流入计入预收账款或其他应付款科目核算。

预收账款是否需要确认收入交税，需要根据不同情况判断：

（1）租赁业收到预收账款应马上确认纳税义务，缴纳增值税；房地产企业虽然收到预收房款不确认增值税纳税义务，但需要按照3%预征率预征增值税，同时确认所得税收入计算缴纳企业所得税。建筑业按照现行规定无需在建筑服务发生地预缴增值税的项目（即纳税人在同一地级行政区范围内跨县（市、区）提供建筑服务），纳税人收到预收款时，如果适用一般计税方法计税的项目，则按照2%预征率在建筑企业机构所在地预缴增值税；如果适用简易计税方法计税的项目，则按照3%预征率在建筑企业机构所在地预缴增值税。

（2）除以上三个行业外，大多数企业收到预收款不缴纳增值税和所得税，但需要注意预收款转收入的时间节点：生产销售企业是在发货时确认收入，而服务企业应在服务提供时确认收入。

其他应付款同样是隐藏收入的常见科目，实务中的马脚常常在两个地方露出：

（1）其他应付款的二级科目异常。有时候强行将收入计入其他应付款，二级科目如果仍然按照客户明细核算，就容易被发现；也有企业为了掩人耳目，标注特殊的二级科目如“暂借款”，实在是欲盖弥彰。

（2）其他应付款的原始凭证异常。按照正常情况，其他应付款应根据实际业务核算并提供相关原始凭证和证据，如民间借款就应当提供借款协议、入账凭据、利息票据等，但隐瞒收入的情况下，这些证据通常准备不足，而且更重要的可能出现入账凭据同其他证据和核算的矛盾，经不起检查。

二、视同分红风险

民营企业股东多为自然人，如果分红应当缴纳个人所得税。实务中很多企业为躲避分红，采取种种变通手段将资金抽走，核算中多体现在预付账款和其他应收款两个科目。

预付账款科目通常的做法是虚拟一个公司，或者找一个关联公司签署虚假购销协议，并支付大额预付款，实际上并未发生真实交易，预付款通过关联公司账户直接转移到个人账户，实现现金从公司的逃离。实务中常常造成预付账款科目的异常，如大量关联方预付，长期预付没有后续交易，甚至是出现和经营无关的预付行为，只要稍稍深究，很容易被发现。

其他应收款科目通常的做法是将公司资金借给股东或者关联个人，长期挂账不予归还。关于这一点，税务机关早就做了明确规定：股东从公司长期借款不予归还（跨年或超过一年度），税务机关可视为分红。还有一种更加明显的情况就是企业出资为个人购买车辆、房产等，资金流显示为汽车 4S 店或房地产公司，但账务处理挂在股东身上，这更是明显的分红行为。

三、借款利息涉税风险

企业之间的借款，以及企业同个人之间的借款，如果是非关联方，通常签署规范的借款协议并计算利息，但实务中往往拿不到借款方提供的发票。如果是关联方借款，通常没有规范的借款协议，或者直接约定资金的无偿使用，最终也导致没有利息发票入账。

无论是哪种情况，都可能给企业带来麻烦。因此在其他应收款和其他应付款中应特别关注企业的内外部借款。

1. 企业对外借款未收取利息或收取利息未开具发票

对外借款未收取利息，属于典型的无偿提供服务行为，在增值税中归入视同销售范畴，可能面临税务机关的调整。通常的做法是税务机关要求按照银行基准利率计算利息并交纳增值税。

对外借款收取利息但未缴税，将本金计入其他应收款，而将利息隐藏在其他应付款科目，其他应付款科目将表现为利息支付的定期增加，而且将两个科目对应比对，较容易发现问题。

2. 企业取得借款未支付利息或支付利息未取得发票

企业取得借款未支付利息，通常发生在关联方企业之中，容易被税务机关追溯到借款方，引发关联风险，最终上游交税、下游也不能扣除，得不偿失。

企业取得借款，实际也支付了利息，但未取得发票，这里特别要关注的是自然人借款，利息从企业账户支付给个人，存在个人所得税代扣代缴义务，一旦发现面临补税。如果是从企业账户支付给其他第三方企业，未取得发票不能在所得税前扣除，但不存在个税风险。

四、成本费用虚增风险

成本费用通常应凭借发票入账，同时向对方支付约定款项。实务中有些企业通过购买虚开增值税发票取得入账票据，但无法支付对应款项，只能计入应付账款科目，长期无法支付，或者一段时间以后以现金强行冲掉，或者将其转化为股东个人代支付，将应付账款调整为股东个人的其他应付款。但无论如何隐藏，不能改变款项未能支付的事实。

有一些购买虚开增值税发票的行为同时伴随有资金支付和资金回流，即先正常支付，再通过个人账户回流，隐蔽性增加，但风险依旧，伴随着国家对虚开增值税发票的打击力度不断增大，事后翻船的案例比比皆是。

五、被迫确认收入的所得税风险

企业经营中，有时候会出现长期挂账的应付账款和其他应付款，无论由于什么原因形成，只要挂账时间超过 3 年以上，且无法证明该笔款项仍需支付的，税务机关有可能认定为“确已无法偿付的应付款项”，这属于企业所得税法中所界定的其他收入中的一种特殊收入类型。

因此，企业需要定期清理往来中的应付账款和其他应付款，需要支付的及时支付，的确不需要支付的应转入营业外收入及时确认收入缴纳所得税，避免检查中被迫确认收入的同时还要计算罚款和滞纳金。

六、胡乱对冲的往来处理风险

由于往来款项成因复杂，来源多样，很多往来科目会变成长期挂账的死科目，但这并不意味着可以随意处理，尤其是实务中很多企业财务发现问题无法简单解决的情况下，将分属于不同主体的往来随意调整，甚至将资产和负债科目胡乱对冲，不处理还好，随意的无根据处理反而会使得隐藏的问题迅速浮出水面，风险直接爆发。

总之，往来款项是企业账务核算中的重要组成，必须在核算之初就做好判断，准备资料，规范核算，并考虑未来的消化和处理，而不是目光短浅，“我死后哪管他洪水滔天”，只有这样才能确保将往来科目核算的涉税风险降到最低。另外，应在每个会计年度终了之前对于本年度形成的往来款项进行逐一核查，发现问题，及时解决，确保往来核算问题不积累，风险不堆积。就像身体保健，做好日常锻炼和日常体检，避免问题堆积，一旦爆发后悔晚矣。

企业增资和减资是否存在涉税风险

企业在发展过程中常常需要对于注册资本进行调整，实务中有增资和减资两种相反的操作，问题是，增资和减资是否涉税？

一、增资的模式与涉税风险

我们这里所说的增资指注册资本的增加，按照现行的工商规定，注册资本增加不一定马上增加实收资本，因此需要将不同情况分开分析。

情况一：注册资本增加，实收资本不增加。

案例如下：

某企业注册资本增加 1000 万元，但实收资本并未马上增加，这实质上只是股东约定了未来将会按照一定规则增加资本金，对于尚未发生的行为，当然不涉及任何税收风险。

情况二：注册资本增加，实收资本增加。

案例如下：

某企业注册资本增加 1000 万元，实收资本同步增加 1000 万元，这意味着股东做了实际投入，那么又需要根据投入类型和股东身份进行分析。

1. 股东投入为货币资金

股东无论是企业还是个人，均不涉税，取得投资企业也不涉税。（印花税略）

2. 股东投入为股权

	企业投入股权	个人投入股权
增值税	免征	免征
所得税	股权评估值高于原始价值，股东为企业，缴纳企业所得税；但可分5年缴纳	股权评估值高于原始价值，股东为个人，缴纳个人所得税；但可分5年缴纳

3. 股东投入为房产、土地

	企业投入房产、土地	个人投入房产、土地
增值税	5%（老房产土地）或9%（新房产土地）缴纳	5%缴纳
所得税	评估值高于原始价值，股东为企业，缴纳企业所得税；但可分5年缴纳	评估值高于原始价值，股东为个人，缴纳个人所得税；但可分5年缴纳
土地增值税	免征（房地产公司除外）	免征
契税	取得方公司缴纳	取得方公司缴纳

4. 股东投入为机器设备、存货等

	企业投入设备存货	个人投入设备存货
增值税	缴纳	免征
所得税	股权评估值高于原始价值，股东为企业，缴纳企业所得税；但可分5年缴纳	股权评估值高于原始价值，股东为个人，缴纳个人所得税；但可分5年缴纳

情况三：注册资本不增加，实收资本增加。

注册资本不增加，实收资本增加，其实不属于增资，仅仅是股东按照约定将资本金到位，具体涉税同情况二。

二、减资的模式与涉税风险

减资就是注册资本的减少，由于注册资本和实收资本不同步，同样可以分为以下情况：

1. 注册资本减少，实收资本不减少

如果仅仅是注册资本减少，实收资本不减少，不影响企业财务处理和税务处理，直接在工商机关进行登记变更即可。自然也无需担心涉税风险。

2. 注册资本减少，实收资本减少

如果注册资本减少，同步实收资本也减少，意味着股东要从公司实质减资，并按照比例拿走对应的净资产份额，这就会引发涉税风险。

情况一：净资产小于实收资本。

对于减资企业而言，税收风险的关键在于股东要在减资中拿走什么资产。

	股东拿走现金	股东拿走债权、股权	股东拿走机器设备、存货、土地、房产
公司涉税风险	无	公司根据债权和股权公允价值判断是否有溢价，如果有缴纳所得税	公司根据资产类型缴纳增值税、企业所得税、土地增值税等

对于减资股东而言，要看减资中是否有所得。如果出现净资产小于实收资本的情况，意味着企业可能是有亏损的，如果发生减资，减资股东按照对应比例拿走自己的股东权益份额，会出现拿走的净资产少于对应的实收资本情况，也就是说减资中股东产生了损失，如果股东是企业，损失可以在自身企业所得税前扣除。

情况二：净资产高于实收资本。

减资企业的情况同情况一，关键在于拿走的资产，此处不再赘述。

减资股东的情况同情况一恰好相反，由于净资产高于实收资本，减资股东在减资中得到的一定高于自身原始投入，必须缴纳企业所得税或个人所得税。

3. 注册资本不减少，实收资本减少

这种情况基本不可能发生，如果有，也属于不规范的私下操作，此处不再讨论。

| 结论 |

（1）增资和减资都可能存在涉税风险，企业应当根据自身情况对号入座，而且这种风险不仅存在于企业，也存在于股东。

（2）增资和减资涉税风险有两个关键：一个是涉及的资产类型，另一个是涉及的资产溢价或跌价。一般而言，资产类型决定增值税是否缴纳，资产溢价或跌价决定所得税是否缴纳。

税务机关究竟能不能查询企业银行账户

根据《中华人民共和国税收征收管理法》（第十二届全国人民代表大会常务委员会第十四次会议修正）第五十四条第（六）项规定："经县以上税务局（分局）局长批准，凭全国统一格式的检查存款账户许可证明，查询从事生产、经营的纳税人、扣缴义务人在银行或者其他金融机构的存款账户。税务机关在调查税收违法案件时，经设区的市、自治州以上税务局（分局）局长批准，可以查询案件涉嫌人员的储蓄存款。税务机关查询所获得的资料，不得用于税收以外的用途。"

根据《中华人民共和国税收征收管理法实施细则》（国务院令第362号）第八十七条规定："税务机关行使税收征管法第五十四条第（六）项职权时，应当指定专人负责，凭全国统一格式的检查存款账户许可证明进行，并有责任为被检查人保守秘密。检查存款账户许可证明，由国家税务总局制定。税务机关查询的内容，包括纳税人存款账户余额和资金往来情况。"

根据《税务稽查工作规程》（国税发〔2009〕第157号）第三十三条规定："查询从事生产、经营的纳税人、扣缴义务人存款账户的，应当经所属税务局局长批准，凭《检查存款账户许可证明》向相关银行或者其他金融机构查询。

查询案件涉嫌人员储蓄存款的，应当经所属设区的市、自治州以上税务局局长批准，凭《检查存款账户许可证明》向相关银行或者其他金融机构查询。”

| 结论 |

（1）税务机关认为必要可以查询企业资金账户，认为必要可能是稽查过程需要，也可能是其他征管需要；如果个人账户涉嫌涉税违法案件，也可以进行查询。

（2）因为查询资金账户关系重大，因此必须履行严格审批程序，正常企业资金账户需要县一级以上税务机关局长审批；涉及个人违法账户的，需要市一级以上税务机关局长审批。

（3）涉税资金账户查询不能应用于其他用途，也就是要避免后果扩大化。

虚开增值税专用发票犯罪的简要判断清单

虚开增值税专用发票是构成犯罪的行为，但实务中如何判定虚开，又如何判定是否构成犯罪？核心有三个关键：虚开类型、虚开方向和虚开损失。

一、虚开类型

（1）没有货物购销或者没有提供或接受应税劳务而开具增值税专用发票；

（2）有货物购销或者提供或接受了应税劳务但开具数量或者金额不实的增值税专用发票；

（3）进行了实际经营活动，但让他人为自己代开增值税专用发票。

二、虚开方向

（1）自己为自己开具，如农产品收购发票；

（2）自己为别人开具，指向下游虚开；

（3）让别人为自己开具，指取得虚开增值税专用发票；

（4）介绍他人虚开。

三、虚开损失

出现虚开增值税发票行为，只要超过了刑法界定的标准就构成虚开增值税发票罪，这个标准主要是依据给国家带来的损失界定的：虚开税款数额1万元以上的或者虚开增值税专用发票致使国家税款被骗取5000元以上。按照税法〔2018〕226号文件，此标准已做重大调整：

（1）虚开税款数额5万元以上，依法定罪。（以13%税率计算价税合计约43.46万元）

（2）虚开税款数额50万元以上，属于“虚开的税款数额较大”。（以13%税率计算价税合计约434.6万元）

（3）虚开税款数额250万元以上的，属于“虚开的税款数额巨大”。（以13%税率计算价税合计约2173万元）

附：虚开类型分析汇总表

	没有销售或服务	有但数量不符	有但让人代开
自己为自己开	虚开	虚开	—
自己为别人开	虚开	虚开	—
让别人为自己开	虚开	虚开	虚开
介绍他人虚开	虚开	虚开	虚开

银行贷款资金监管引发的财税风险

| 案例 |

A 公司从某商业银行取得流动资金贷款，出于风险监管的需要，银行要求对于企业贷款的使用实施监管，A 公司只能将资金用于流动资金需要，如原材料采购等。因 A 公司的关联公司 B 公司急需用钱，A 公司财务向银行提供了一份同 C 公司签署的虚假采购协议，并依据协议将资金转入 C 公司账户，再从 C 公司转入 B 公司。请问：三方公司如何进行账务处理？

一、A 公司处理的两难

A 公司凭借虚假采购合同将资金转给 C 公司，如果按照协议做账应计入预付账款，但实际上交易并未真实发生，未来也不可能取得货物和发票入账。但如果依据真实业务入账，应计入其他应收款，作为关联公司借款处理，但又面临两个问题。

第一，实际资金流不符，转给 C 公司的资金要计入其他应收款——B 公司，需要补充相关委托收付款手续，而且容易引发内部审计和税务机关关注。

第二，即使补充了借款协议和相关委托收付款手续，A 公司是否向 B 公司收取利息又是一个问题。如果关联公司不收取利息，按照财税 2016 年 36 号文的规定，存在无偿提供服务视同销售缴纳增值税的风险。

二、C 公司的“雷锋”精神

C 公司在案例中扮演的完全是“雷锋”角色，帮助 A 公司将贷款资金套出并支付给实际用款人 B 公司。但 B 公司同样带来财税的巨大风险：

第一，如果按照往来资金过账处理，面临资金流不符风险，需要一系列协议和委托收付款手续支持方可勉强处理。

第二，更大的麻烦在于，如果按照双方签署的虚假协议，B 公司收到的资金还存在被认定为预收账款或者收入的嫌疑，容易引发不必要的风险和麻烦。

三、B 公司的资金使用风险

B 公司作为实际资金使用人，看起来以最快速度拿到了钱，但依然有两个问题需要解决：

第一，如果作为其他应付款处理，究竟应该挂在 A 公司还是 C 公司？根据资金流应在 C 公司，根据实际业务应在 B 公司，如果据实处理仍应补充协议和委托收付款手续。

第二，就是借款的利息问题，通常这种借款未能正常收取利息，导致 B 公司作为实际资金使用人，在账面无法正常列支利息，也有公司强行将 A 公司银行利息单计入 B 公司账务，并在税前扣除，引发更大的涉税风险。

| 我们的建议 |

（1）企业对银行资金监管的规避导致了虚假采购协议的出现和资金流

的复杂设计，在实务中无法完全杜绝。

(2) 从财税角度较好的处理模式应兼顾两个问题：资金流和利息的处理。

(3) 资金流按照真实情况处理，将流动资金转入C公司账户后可考虑再转回A公司其他银行账户，将C公司往来消掉；然后从A公司正常转入B公司，A公司和B公司各自入账，正常签署相关借款协议。

(4) A和B应在借款协议中正常约定资金利息，B向A支付利息，A向B提供自行开具的增值税普通发票入账。这样A的利息正常入账，B的利息也能够正常入账。

银监会、最高院发话：民间借贷不能碰的四条红线

2018 年是金融规范年，民间借贷作为金融规范的重头戏自然不能“幸免”。银监会和最高院在今年相继发文对民间借贷进行规范，哪些红线是企业不能碰的呢？

一、未经有权机关依法批准，任何单位和个人不得设立从事或者主要从事发放贷款业务的机构或以发放贷款为日常业务活动

意思很明白，只有中国人民银行或银监会批准拿到金融许可证，方可以正常从事信贷业务，否则不能以此作为日常业务活动。比如企业设立投资公司，没有其他实质业务，只要就是对外进行民间借贷，这就属于违规行为，一旦出现法律纠纷，法院不予保护。

二、民间借贷中，出借人的资金必须是其合法收入的自有资金，禁止吸收或变相吸收他人资金用于借贷

只有合法的自有资金出借才能被认定为民间借贷，否则都可能被认定为高利贷或者其他违规违法行为。最高院还特别强调严厉打击利用非法吸

收公众存款、变相吸收公众存款等非法集资资金发放民间贷款。严厉打击套取金融机构信贷资金，再高利转贷。

三、有特殊非法目的的虚假民间借贷将会被严厉打击

最高院特别强调了“套路贷”诈骗，认为“套路贷”诈骗等犯罪设局者具备知识型犯罪特征，善于通过虚增债权债务、制造银行流水痕迹、故意失联制造违约等方式，形成证据链条闭环，并借助民事诉讼程序实现非法目的。

四、依法严守法定利率红线，牢记24%红线和36%底线

《最高人民法院关于审理民间借贷案件适用法律若干问题的规定》依法确立了法定利率的司法红线，应当从严把握。借贷双方约定的利率未超过年利率24%，属于司法保护区，出借人请求借款人按照约定的利率支付利息的，人民法院应予支持。借贷双方约定的利率区间在24%～36%，属于自然债务区，在此区域内，借款人未支付利息的，则可以不用支付；但借款人支付利息后想要回来，是不可以的。简言之，利息没给的，则可以不给了；利息已经给的，要不回来了。借贷双方约定的利率超过年利率36%，属于无效区：超过部分的利息约定无效。借款人请求出借人返还已支付的超过年利率36%部分的利息的，人民法院应予支持。

人民法院在民间借贷纠纷案件审理过程中，对于各种以“利息”“违约金”“服务费”“中介费”“保证金”“延期费”等突破或变相突破法定利率红线的，依法应当不予支持。

但请特别注意，税法中对于所得税前扣除的合规利率的规定千万不能套用24%的标准，税法中采用了“不高于同期同类金融机构贷款利率”的表述方法，并要求企业自行举证，24%的标准只适用于最高院判例，不适用于税法应用。

| 参考文件 |

（1）《中国银行保险监督管理委员会 中华人民共和国公安部 国家市场监督管理总局 中国人民银行关于规范民间借贷行为 维护经济金融秩序有关事项的通知》（银保监发〔2018〕10 号）

（2）《最高人民法院关于依法妥善审理民间借贷案件的通知》（法〔2018〕215 号）

（3）《最高人民法院关于审理民间借贷案件适用法律若干问题的规定》（法释〔2015〕18 号）

一文搞清自然人股东股权转让个税控制要点

一、自然人股权转让交纳个人所得税基本逻辑

（1）境内企业自然人股东转让股权，应计算是否在转让中有所得，如果有，所得部分缴纳20%个人所得税。

（2）股权转让个税应由股权受让方代扣代缴，如果未能代扣代缴，受让方存在巨大风险。

（3）缴纳地点应为境内企业所在地税务机关。

二、如何计算股权转让所得

（1）股权转让所得 = 股权转让收入 – 股权原值。

（2）股权转让收入包括各种现金和非现金支付对价。

（3）股权转让收入应按照公允价值计算收入，公允价值的认定中税务机关关注的是实际成交价是否低于公允价值。以下情况会理解为价格偏低：

——成交价格低于账面净资产；

——如果公司有土地、房产、无形资产、股权等较容易移交的资产，

成交价格不应低于净资产评估价值；

——同时期或以前有过转让股权的，还需要比较两次股权的价格是否合理。

（4）股权原值为自然人股东取得股权所付出的代价。

——如果是原始股东，股权原值为原始投资；

——如果是转让取得股权，为取得时转让价值。

三、股权转让的关注焦点是股权转让收入是否偏低

（1）股权转让收入应按照公允价值计算收入，公允价值的认定中税务机关关注的是实际成交价是否低于公允价值。如果低于公允价值，税务机关会理解为价格偏低，比如：

——成交价格低于账面净资产；

——如果公司有土地、房产、无形资产、股权等较容易移交的资产，成交价格不应低于净资产评估价值；

——同时期或以前有过转让股权的，还需要比较两次股权的价格是否合理。

（2）税务机关认为股权转让收入明显偏低时会重新核定收入，核定方法有两种：

——净资产核定法：按照每股对应的净资产公允价值（评估价值）核定，多用于原始股东投资且无比价的情况下；

——类比法：按照最近时期同企业或同类股权转让市场价格，多用于可以比价的情况下。

四、哪些情况转让股权价格明显偏低但视为有正当理由无需缴税？

（1）能出具有效文件，证明被投资企业因国家政策调整，生产经营

受到重大影响，导致低价转让股权；

（2）继承或将股权转让给其能提供具有法律效力身份关系证明的配偶、父母、子女、祖父母、外祖父母、孙子女、外孙子女、兄弟姐妹以及对转让人承担直接抚养或者赡养义务的抚养人或者赡养人；

（3）相关法律、政府文件或企业章程规定，并有相关资料充分证明转让价格合理且真实的本企业员工持有的不能对外转让股权的内部转让。

| 结论 |

工商税务信息互通使得股权转让个税风险增大，各地税务机关也对股权转让涉税投入更多的关注和精力，企业应在转让之前充分考虑涉税风险，做好准备工作，避免爆发风险。

支付款项同交易主体不一致究竟有没有风险

税企之间关于资金支付方向的争议此起彼伏。那么在企业交易过程中，支付款项同交易主体不一致究竟有没有风险？常常被引用的税法文件是《国家税务总局关于加强增值税征收管理若干问题的通知》（国税发〔1995〕192号）中的规定："关于增值税一般纳税人进项税额的抵扣问题：（三）购进货物或应税劳务支付货款、劳务费用的对象。纳税人购进货物或应税劳务，支付运输费用，所支付款项的单位，必须与开具抵扣凭证的销货单位、提供劳务的单位一致，才能够申报抵扣进项税额，否则不予抵扣。"

文件的初衷其实是为了避免企业设计虚假交易，虚开增值税发票。通过紧盯资金流与发票的关系监控交易真实性，这当然也是以票控税的题中之意。但绝对的标准必然带来绝对的问题。实务中越来越多的经营模式和商业模式必然突破资金流的限制，对于这些突破，应该如何理解？案例如下：

案例 1

A 房地产企业向供应商采购钢材，约定运费自行承担，但先由供应商垫付。货到后货款运费统一支付给供应商，由供应商提供货款发票并转交运输方开具的运输发票。

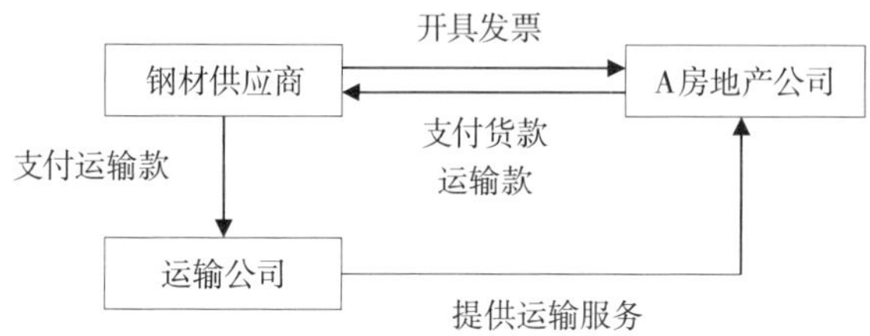

案例 2

房地产企业向施工单位支付工程款，因施工单位欠另一公司款项，三方约定房地产公司直接向施工单位债权人公司支付工程款。建筑业增值税发票由施工单位正常提供。

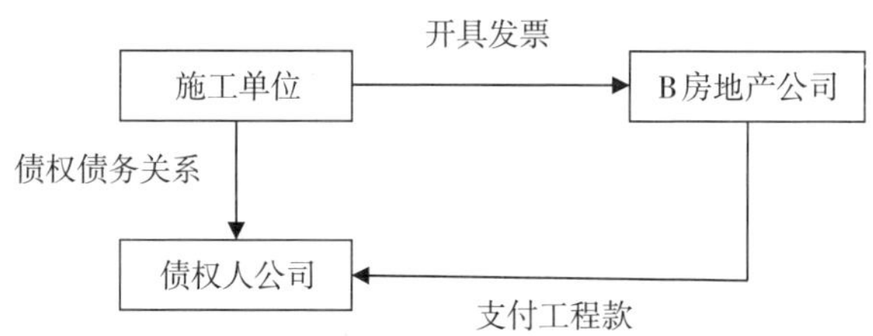

案例 3

C 公司采购原材料，应支付上游商贸公司货款 800 万元，由于 D 公司欠 C 公司 1000 万元，三方签署债务重组协议，由 D 公司直接向商贸公司支付 800 万元货款。

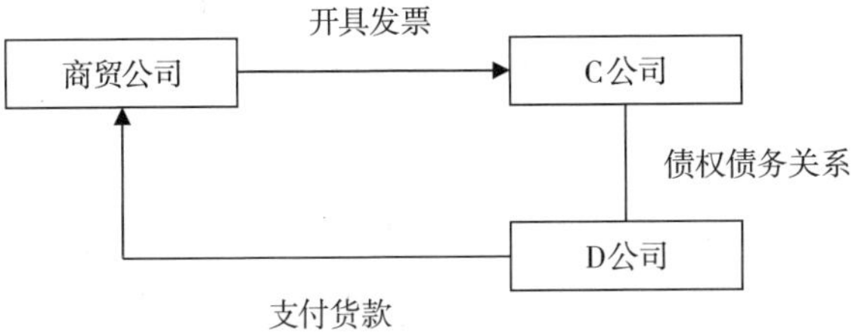

案例 4

E 房地产公司开展委托代建业务，同学校签署新校区代建协议，在代建过程中代表学校进行招投标、工程管理，资金由学校拨付房地产公司，房地产公司再按照工程进度拨付施工单位，施工单位发票直接开具给学校。

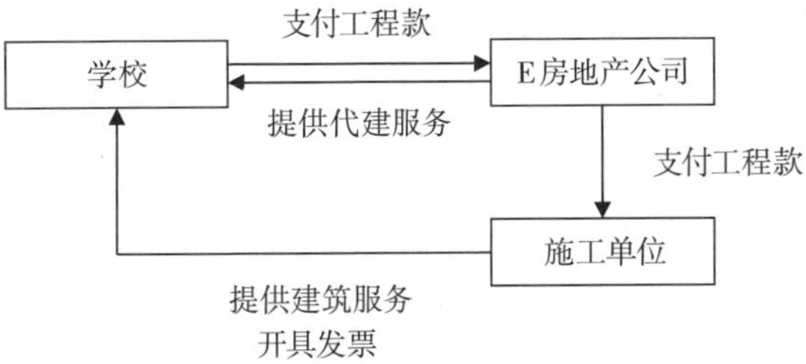

上述四个案例中，资金流同实际交易双方都不完全一致。但这是不是就一定不予认可呢?

运输费用案例中，钢材供应商属于委托代收款项，委托代建案例中，房地产公司属于委托代付款项，这两种资金流状态都是正常的商业行为，具有合理商业目的，因此虽然资金流路径不完全一致，但资金流的源头和最终资金流的终点都没有问题，从本质上讲依然符合资金流和发票之间的对应关系。

两个债务重组案例中，表面看一个是付款方不对，另一个是收款方不对，不符合资金流的要求，实务中的确也常常被税务机关所质疑，但我们认为，只要是真实的债务重组，核实三方的债权债务关系，证据确凿的应该予以认可。

当然为了避免出现风险，企业在对外支付资金时最好按规矩来，尤其在三方债务重组模式中，宁可多花费时间和成本，最好实现资金流的统一。

03

经营决策篇

决策中的财税节点

经营中的所有决策
都有关键财税节点，
把握好节点才能做出好的决策。

决策者必须学会的分析方法——机会成本分析

几乎所有的企业决策都是选择，如何从不同道路中进行选择是企业决策者的痛点之一。在这个关键点上，财务可以做什么？传统的财务会计在这里是失效的，管理会计为我们提供了一个更好的工具：机会成本分析。所谓机会成本，就是因做这件事而放弃的另一件事情的价值。决策的不同道路和不同方案选择，根本上就是不同道路和方案的机会成本选择。机会成本分析本质上就是人性分析，我们在不同选择下趋利避害，一般除了考虑收益，还会考虑风险，尽可能选择价值最大化的方案。举个例子分析一下：

假定某房地产公司有一块土地，获取成本 1 亿元，如何操作？这块至少面临两个决策：

方案一：自行开发，时间需要 3 年，假设后续投入需要 6 亿元，最终收入 10 亿元；

方案二：转让项目（土地），不需要后续投入，马上可以获取收入 2 亿元。

企业决策者该如何选择？作为财务人员，此时大显身手的机会到了，我们需要运用财务数据进行机会成本分析：

第一步，当然是分析两种方案的机会成本，简单计算如下：

方案一的项目利润 =10 －6 －1 －各种税

方案二的项目利润 =2 －1 －各种税

这一步里面，税的测算是关键。对于房地产开发项目而言，增值税、土地增值税、企业所得税三个主要税种都需要详细测算，尤其是土地增值税的准确测算对于税负结果影响巨大。算出结果后那么方案一的利润就是方案二的机会成本，反之亦然。但问题没有那么简单，一个方案三年完成，另一个马上完成，收入的时间价值也必须考虑。

第二步，考虑资金时间价值。对于方案一和方案二的项目利润进行现值调整，当然主要是方案一。计算略。

第三步，其他非财务因素权衡和利弊分析。如公司战略需要、后续资金需要和限制、决策者的其他考虑等。作为财务人员在这一步尽可能要站在决策者角度进行思考，而不是仅仅将自己的视野局限于财务部门。

| 结论 |

（1）财务人员向决策者提出建议的时候一定要拿出多种方案和道路供决策选择，而不是只有一种答案。

（2）多种方案之间的机会成本分析是关键，每种方案的收益和风险考量必须从财务角度测算到位，尤其是两个容易忽视的点：税负测算和资金时间价值考量。

（3）决策以财务测算的机会成本为依托，但未必完全取决于机会成本分析，其他非财务因素的影响也可能很大。作为财务，要尽可能学会站在决策者角度思考问题。

应该如何审查采购合同的财税风险

合同是经营行为的重要证据，同样是财税处理的重要证据。企业常常需要对采购合同进行审查，那么站在财税角度，应该如何进行审查并给出建设性意见？我们建议从以下四个方面进行审查。

一、关注合同主体

合同主体可以从两个方面分析。

1. 小规模纳税人和一般纳税人

如果企业是一般纳税人，应尽可能和一般纳税人合作，当然这不是绝对的，如果销售价格差异过大，小规模纳税人也无可厚非。

2. 合同主体的法律身份

常见的合同主体分为公司制企业、合伙企业、个人独资企业、个体工商户、自然人，不同主体涉及的税种不同，发票的开具也不同。

	公司	合伙企业	个人独资	个体户	自然人
主体性质	法人实体	非法人	非法人	非法人	非法人
增值税	缴纳且自开发票	缴纳且自开发票	缴纳且自开发票	缴纳且自开发票	缴纳且代开发票

续表

	公司	合伙企业	个人独资	个体户	自然人
企业所得税	缴纳	不缴纳	不缴纳	不缴纳	不缴纳
个人所得税	不缴纳但可能代扣	先分后税，合伙人为自然人时缴纳			

二、关注合同主要标的（交易行为）

合同最核心内容是对双方交易行为的描述和界定，交易行为性质决定了供应商应如何缴纳增值税。实务中特别注意的是交易行为是否涉及兼营和混合销售。

（1）如果是单纯销售，则能够取得的发票可能是13%或3%。

（2）如果是销售+安装，则能够取得的发票情况较为复杂，其中经历了财税2016年36号文、2017年11号公告和2018年42号公告三次政策变迁，应该考虑的影响因素需要着眼两个方面：一个是供应商身份，另一个是销售货物的性质，最终结果汇总如下：

货物销售+建筑安装涉税实务汇总表

	生产企业（一般纳税人自产货物）	销售企业（一般纳税人非自产货物）
材料	如果合同价款未区分材料与安装价款，统一按照13%交税； 如果合同价款区分材料与安装价款，材料按照13%，安装按照9%	无论合同价款是否区分材料与安装价款，视为混合销售统一按照13%交税
机器设备	如果合同价款未区分设备与安装价款，统一按照13%交税； 如果合同价款区分设备与安装价款，材料按照13%，安装按照3%	如果合同价款未区分设备与安装价款，统一按照13%交税； 如果合同价款区分设备与安装价款，材料按照13%，安装按照3%

三、合同关于付款、发货和发票的约定

采购合同中，销售模式区分为款到发货型、预付款型、分期付款型三种类型，这些模式会影响付款、发货和发票之间的关系，需要特别关注。

1. 款到发货型采购

款到发货型采购通常约定款到发货，增值税和所得税纳税义务判断关键在于实际收款时间和合同要求的付款时间之间的比较，通常按照孰早原则处理。

2. 预付款型

很多采购需要提前支付预付款，供应商收到预付款不需要缴纳增值税和所得税，因此购买方只能以收据入账，等待供应商发货时确认收入交税方能取得发票。

3. 分期付款型

分期付款通常约定款项的分期延后支付，增值税和所得税都要求按照合同约定确认纳税义务，无论到时候是否实际收到款项，均应以合同时间为准。至于实务中款项未到，供应商是否提前开具全部发票，取决于双方在合同中的约定，并无固定常规。

四、合同中关于违约条款的描述

违约条款是为了防止双方在合同交易的关键要点中出现问题而特别列出的防范性条款，采购合同的防范性条款通常包括以下三部分：

（1）货物质量、数量和发货时间的违约条款；

（2）付款时间和数量的违约条款；

（3）发票问题的违约条款。

财务人员应对违约条款特别予以关注，因为合同的后续管理和实施都需要财务的监控，稍有不慎可能陷于被动。

成本费用在税前扣除的三大基本判断

对于企业发生的成本费用，能不能在增值税中抵扣进项？能不能在企业所得税中税前扣除？很多人会讲按税收法规处理即可，但实务中很多成本费用的发生并不一定和税法规定完全一致，也不一定都在税收法规中一一详细列支，遇到具体事情还是需要企业财务人员和决策人员进行判断。我们认为应当有三个基本判断。

一、成本费用的真实性

这个很好理解，就是成本费用是否是真实发生的。没有真实发生的成本费用自然属于虚列，不能税前扣除或抵扣进项，严重者还需承担法律责任，要看是否构成虚开增值税专用发票罪或者偷税罪。这种真实性的判断需要财务人员关注合同、付款、发票等常规证据，更应关注业务发生的真实性证据，如广告费对应的广告发布痕迹证据，会议费对应的会议通知、纪要、决议等开会证据。缺乏真实性证据的成本费用，即使通过特殊手段取得了发票，甚至设计了资金流，也无济于事。

二、成本费用的相关性

相关性是会计的重要原则，也是涉税处理的重要原则，也就是说成本费用必须和公司经营有关联，准确一点讲，应该构成因果关系。但很多时候这种相关性容易被企业决策人员滥用。比如高管的个人消费奢侈品、公司购买的古董文物，到底和公司经营、公司收入取得有没有关联？其实税法和会计都非常明确。比如在增值税中，规定了诸多情况下进项不能抵扣，在所得税中规定无关支出不能税前扣除。更深入来讲，我们认为必须是直接相关才能扣除。所谓直接相关就是成本费用和收入取得之间有直接因果关系，而非间接因果关系。以牵强的间接关系来试图证明成本费用的合理性，一定不能得到税务机关的认可。

三、成本费用的合理性

一项支出真实发生，而且具有相关性，是否一定没有问题呢？最后一个判断的标准是合理性。合理的解释可以从两个角度看：

（1）是否具有合理商业目的；

（2）成本费用标准是否符合行业惯例或相关标准。

比如公司账上列支大量油费发票，油费看起来没有问题，但对照公司固定资产，居然没有车辆或者只有少量车辆，但油费发生量同车辆消耗明显不符，这都属于成本费用发生的不合理。不合理的行为对应的要么是虚假交易，要么是其他费用的转化，比如很可能是将工资薪金强行通过油费报销形式进行私下转化，规避个人所得税。

| 结论 |

财务人员在实务中不仅仅要看合同、付款和发票的完整性，更要关注交易的真实性、相关性还有合理性。对于每一种判断原则都应有自己的标准和敏锐度。

创业项目能否成功的三个关键财税决策

创业项目能否成功，影响因素极多，市场机会把握是否准确，是否拥有核心竞争力，是否真正满足客户需求，是否有清晰的定位和战略，这些都是关键因素。但创业团队中常常缺失财税专家，导致创业项目在设计和初始运营中缺失了财税角度的决策，而这个角度的缺失对于项目的成败往往是决定性的。我们认为，创业项目能不能成功，有三个关键财税决策：

第一，核心交易设计是否清晰，是否可行？

这是所有创业项目的基础，无论描述得如何天花乱坠，最终落地的还是核心交易。这种设计可以从三个角度进一步阐述：

（1）你的交易是商品销售还是服务销售？还是二者的混合？

（2）你收取的是固定价格还是比例收益，或者二者兼具？

（3）你的客户和用户是一个人还是不同的人？

对这些问题的回答决定了你的商业模式，也在一定程度上决定了未来项目的财税结果。

第二，整个交易设计中有没有比较明显的财税风险点？

沿着第一部分的三个问题延伸一下，从核心交易衍生出来两个方向：哪些上游利益相关者构成你的成本费用，而你下游的营销通路和服务体系中的利益相关者是如何同你协作的？这两个方向构成整个创业项目的生态系统，创业企业的财税体系就是由这个生态系统决定的。在这个体系中，有没有比较明显的财税风险？比如，知识付费模式中如果出现向个人返还佣金，是否需要个人提供发票入账？如果需要，能不能做得到？

第三，项目未来的财务成果测算是否基本到位？

项目能不能赚钱，有没有投资价值，在财务领域是有一套基本逻辑的。针对创业项目，如何客观真实地测算项目的财务可行性，是决定生死的核心决策。其中，基本投资分析决定初始投资大小，盈亏平衡点揭示项目特点，投资回收期反馈项目价值，指标分析印证项目前景，敏感性分析展示项目风险。这些分析固然是建立在诸多假设基础上，但依然能够在诸多不确定性中为创业者的决策提供难能可贵的数据和底线参考。缺少了这些分析，项目便如盲人骑瞎马，夜半临深渊而不知。

作为创业者，在设计和初步运营中一定要检讨自身财税体系是否存在短板，团队中是否存在缺失，尽量在大规模投入前搞清楚上述三个财税问题，减少项目的盲目性。

创业者隐形杀手——财务陷阱

创业是一件非常艰难的事情，从商业模式到产品设计，从技术研发到市场推广，从资金融入股权安排，每个环节都可能成为决定胜负的关键。但往往创业者会忽视另外一个隐形杀手——财务陷阱。如果说商业模式、业务拓展、架构设计是创业大河中激昂的浪头，那么财务就是水中静默的潜流，为整个业务活动提供信息统计、风险控制和决策支撑。遗憾的是，创业者常常将眼光聚焦在翻滚的浪头，而对水下的潜流认识不足、重视不够，最终栽了跟头。

一、账务系统真实性风险

账务系统是财务工作的核心，无论是外部的税务机关还是内部的管理部门，都依赖账务系统提供信息支撑。从经营活动形成合同、发票、资金流等证据链条，财务人员再依据这些证据链条进行会计处理，形成会计凭证，最终根据会计凭证的复式记账法形成明细账和总账，对总账的汇总就形成了我们约定俗成的三大报表：资产负债表、损益表和现金流量表。

但实务中，创业企业在发展初期常常出现账务系统的虚假、扭曲甚至混乱。有的隐瞒收入形成两套账；有的干脆只拼凑出一套面对税务机关的虚假账务；还有的在账务中随意充斥白条、假发票、假工资表等。导致账务系统无法客观真实反映经营现状，税务机关一旦检查，风险巨大。

二、财务内控的缺失风险

财务工作的一大职能就是公司的内部控制职能。这种内部控制是对整个公司经营过程的财务风险控制，因为做企业要选择人品，但绝不能完全建立在对人品的信任上。成熟管理最基础原则就是“不相容原则”。在企业中有很多不相容职务，是指那些如果由一个人担任，既可能发生错误和舞弊行为，又可能掩盖其错误和弊端行为的职务。不相容职务分离的核心是“内部牵制”，它要求每项经济业务都要经过两个或两个以上的部门或人员的处理，相互监督和制约。常见的不相容职务有：

——会计与出纳岗位的分开；

——支票保管与印章保管分开；

——财务专用章与法人章保管分开；

——采购、库管与记账三者分开；

——决定采购与实施采购分开；

——实施采购与询价定价分开；

——采购与验收工作分开。

但遗憾的是，在很多创业企业中，创业者对不相容的理解没有痛苦的经验，容易感情用事，最终导致企业关键环节长期处在风险甚至失控状态。

三、财务决策风险

很多重大决策都可能引发财务和税的风险，比如商业模式的设计、股权设计与转让行为、对外投资行为的设计、投资决策中的回收期、盈亏平衡点、经营过程中的成本管理、预算管理等，都离不开财务的因素，实务中，很多创业企业在前期选择低品质代理记账，在基础工作都未能做好的情况下，根本无法保障财务对决策的支持。即使有些创业企业有自己的财务人员，由于老板的理念和财务自身能力所限，也在这个领域所获甚少，甚至栽了跟头也不知问题根源。很多人认为企业只有做大了才涉及财务决策风险，殊不知越是小的企业，决策失误的影响越大，风险越大。

房地产高管三分钟搞清土地增值税清算

作为房地产企业高管，如何理解土地增值税？如何把握其中的核心要素？特别整理如下以供参考。

第一，房地产企业独特的项目配比关系使得项目配比同年度配比产生重大矛盾，这是房地产所有重大税收风险的来源。

第二，无论是增值税、土增还是企业所得税，都面临预征 + 清算的模式。

第三，土地增值税是房地产税负中最重要的组成部分，也是纳税管理的重点。

第四，土地增值税的计算基本逻辑是：

（1）收入 - 扣除项目 = 增值额；

（2）增值额 × 对应税率 - 扣除项目 × 速算扣除系数 = 应交土地增值税，

对应税率：30% ~60%。

（3）房地产商品房开发清算扣除项目主要有五项：

——土地价款；

——开发成本；

——开发费用；

——税金；

——加计扣除。

第五，土地增值税清算是建立在企业财务核算基础上，根据土增独特要求选择数据进行清算。

第六，土地增值税清算时间节点如何判断？

房地产企业土地增值税采取先预征后清算模式，关键点是何时应该清算。

（1）税法规定了主动清算条件和强制清算条件；

（2）企业请牢记销售85%和预售许可证满三年两个条件。

第七，土地增值税清算单位和范围如何界定？

（1）按照项目清算（立项）；

（2）如有分期，按照分期清算（建设规划许可证）；

（3）普通住宅、非普通住宅和其他商品房应分开计算增值率。

第八，土地增值税收入中应关注：

（1）销售收入中交易价格公允，尤其是存在关联交易情况下；

（2）是否存在商品房发生抵债、投资、赠送等视同销售收入；

（3）无产权车位转让使用权通常按照销售处理。

第九，土地增值税扣除项目应关注：

（1）各项扣除项目应包含内容（略）。

（2）会计核算仍然是基础，尤其是成本核算应真实合理。

——土地征用及拆迁补偿费；

——前期工程费；

——建安工程费；

——基础设施建造费；

——公共配套设施费；

——开发间接费。

（3）关注会计核算中各项内容同土增扣除各项内容的相同与不同：

——会计核算中土地包含着开发成本，土地清算将其分开考虑；

——会计核算中利息在开发成本，清算将其调整计入开发费用。

第十，土地增值税特殊情况：

（1）旧房转让不能够加计扣除，按照评估法或发票扣除法计算。

——房企开发的商品房使用超过 12 个月为旧房；

——或产权办至公司名下自行使用也被界定为旧房。

（2）土地使用权和在建项目区别：

——土地使用权转让因未投入，土增清算不能加计扣除；

——在建项目转让土增清算可以加计扣除。

（3）特殊交易：投资和重组。

投资和重组优惠政策均不适用房地产公司，其他公司可暂免征收。

第十一，土地增值税清算准备：

（1）应在项目建设之初尽快进行测算；

（2）在项目实施过程中逐步调整和细化测算，并在账务上落实测算数据；

（3）在合同、付款、发票和其他证据准备上，各业务部门应同财务紧密衔接做好证据链准备；

（4）达到清算条件，财务应牵头做好内部预清算，迎接税务机关清算。

房地产建筑企业双方博弈与谈判工作清单

第一，房地产和建筑企业的双方合作与博弈是决定房地产项目成本财税风险的重要原因，也是决定建筑企业收入成本涉税风险的重要原因。

第二，在双方谈判中，哪些分包工程交给总包统一实施，哪些由房地产公司直接实施，核心决策因素如下：

（1）专业工程品牌和专业化程度的考量；

（2）涉及验收、品质的风险剥离；

（3）是否存在对成本的影响；

（4）是否影响整个工程的统一协调性。

第三，由于财税2017年58号文的重大政策变动，双方对于甲供材的博弈格局将发生重大变化，理论上将出现两种极端情况：

（1）全部材料由总包方提供，按照一般计税方法向房地产公司开具9%专用发票；

（2）全部材料由房地产公司采购，总包方按照简易计税向房地产公司开具3%专用发票。

实务中哪一种对于增值税进项抵扣更加合算需要测算，但多见的是第1种情况，而且虽然交由总包方提供，房地产公司仍将保持一定的控制权，如品牌、型号乃至价格的绝对控制。

第四，双方对于总包合同总价款的谈判确认过程中，甲方由于谈判的强势地位常常要求乙方在招标价基础上再给予一个比例的折扣，从2%到7%不等。

第五，总包合同的进度付款比例按照建筑法的规定应在60%～90%范围内，实务中一般落在70%～80%范围内。

第六，总包合同进度付款的实施流程和时间也是谈判的关键，何时确认工程量、何时确保付款对于施工方资金回笼影响巨大。

第七，施工单位是否垫资、垫资到何种程度是合同中最重要的内容之一，一般情况下房地产公司都会要求施工单位垫资到正负零，甚至更多。

第八，项目实施过程中伴随着付款，施工单位通常按照付款节点提供发票，但可能出现两个问题：

（1）由于甲方付款不及时给施工方带来的增值税纳税义务发生的风险；如工程量1000万元，合同约定应付800万元，实际支付500万元，施工方增值税纳税义务应为800万元。

（2）进度比例付款造成完工时房地产公司发票并未完全取得，成本无法完整列支，如果提前交房，将导致成本预提的所得税风险。

第九，合同中约定的总包方正常垫资一般并不支付利息，但合同约定的款项未按时支付通常会向施工单位支付利息，房地产公司能够接受的利息为不超过自身融资成本即可接受。

第十，劳保统筹由房地产公司代缴纳，正常计入成本，在同施工方结算中减除即可。后续劳保统筹再按照一定程序返还施工单位。但个别房地产公司可能要求劳保统筹返还的分享，双方如何进行账务处理需预先设置。

第十一，在上述谈判要点中，关键的谈判筹码是分包工程的实施、价款的折扣、付款方式的选择、施工方垫资的标准四个要点，双方会在这四个要点上反复权衡，进行利益的比较。

房地产母公司拿地，子公司想开发怎么操作

房地产企业项目开发的首要问题是取得土地使用权，通常谁拿地，谁开发，谁交税。但我们在财税咨询实务中发现很多企业先以母公司名义拿地，然后准备交由子公司开发，这种操作带来巨大的涉税风险。常见的有三种不同情况：

——母公司已签署土地出让协议并交纳出让金；

——母公司已取得土地证；

——母公司未签署土地出让协议但已有开发投入。

下面分别进行实际案例的分析。

一、母公司已签署土地出让协议并交纳出让金

案例 1

A 公司已同土地管理部门签署《国有土地使用权出让协议》，并交纳出让金取得出让金合规票据入账。然后拟在项目所在地设立全资子公司实施项目开发。请问是否视为土地转让交纳各种税金？

这种情况并不少见，很多企业拿地时当地政府会要求在项目所在地必

须成立独立的子公司进行开发，这样有利于当地政府监管，也有利于将所有税源留在当地。但子公司的设立需要时间，子公司独立开发资质的办理也需要时间，这样就会出现母公司先签署协议缴纳出让金，然后向子公司转移的问题。

作为政府一种常见的操作要求，其实早在2006年国土资源部出台的《关于印发〈招标拍卖挂牌出让国有土地使用权规范〉（试行）和〈协议出让国有土地使用权规范〉（试行）的通知》（国土资发〔2006〕114号）文件中，就已经明确了这种操作方式："申请人竞得土地后，拟成立新公司进行开发建设的，应在申请书中明确新公司的出资构成、成立时间等内容。出让人可以根据招标拍卖挂牌出让结果，先与竞得人签订《国有土地使用权出让合同》，在竞得人按约定办理完新公司注册登记手续后，再与新公司签订《国有土地使用权出让合同变更协议》；也可按约定直接与新公司签订《国有土地使用权出让合同》。"

从文件表述可以看到，这种模式中母公司并非将土地转让，而是政府层面实施了拿地主体的变更，依据就是出让合同的重签或者变更，而且根据文件规定，母公司拍地与子公司设立是连续的环节，土地部门也不会先将土地证办到母公司名下，因此不应视为转让。但子公司需要注意土地成本入账的凭据除了变更或重签的合同外，最好将母公司取得的出让金专用票据交还财政，根据新签署的合同重新换取子公司抬头的票据入账。

对于这个问题，营改增后国税总局也做了明确，《国家税务总局关于明确金融 房地产开发 教育辅助服务等增值税政策的通知》（财税〔2016〕140号）第八条规定："房地产开发企业（包括多个房地产开发企业组成的联合体）受让土地向政府部门支付土地价款后，设立项目公司对该受让土地进行开发，同时符合下列条件的，可由项目公司按规定扣除房地产开发企业向政府部门支付的土地价款。

（一）房地产开发企业、项目公司、政府部门三方签订变更协议或补充合同，将土地受让人变更为项目公司；

（二）政府部门出让土地的用途、规划等条件不变的情况下，签署变更协议或补充合同时，土地价款总额不变；

（三）项目公司的全部股权由受让土地的房地产开发企业持有。”

二、母公司已取得土地证

案例 2

B 公司从政府取得国有土地使用权，出让协议签署，款项支付，出让金票据取得，且已经取得了土地证。此时 B 公司准备设立全资子公司进行开发，请问是否视为土地转让纳税？

这种情况同第一种不同，B 公司拿地过程中并未告知土地管理部门准备设立新公司开发，而是在完全确立了土地产权后新设公司，这是典型的土地转让行为，必须按照国家相关政策办理土地使用权过户，我们假定 B 公司是将土地投资到子公司，涉及的税如下：

1. 增值税

土地使用权投资应缴纳增值税，如果是营改增前取得的土地，可以选择按照简易计税 5% 缴纳增值税，且取得土地的价款可以减除后按照差额征税。

如果是营改增后取得的土地，再次转让（投资）应按照 9% 缴纳增值税，但是否可以比照商品房开发一般计税方法中的差额征税减除取得土地的价款，目前税法并未明确，我们认为应该是可以的。

2. 土地增值税

B 公司土地重新评估后按照公允价值进行投资，由于 B 公司是房地产开发企业，不能享受财税 2018 年 57 号文件的土地增值税优惠政策，必须进行土地增值税清算，而且如果没有开发投入的情况下，不得加计扣除。具体文件参考《国家税务总局关于印发〈土地增值税宣传提纲〉的通知》（国税函发〔1995〕110 号）文件相关条款，此处不再赘述。

3. 所得税

B 公司投资过程需要按照公允价值计算所得，缴纳企业所得税，但如果缴纳有困难，可以申请分 5 年缴纳。如果是全资子公司，符合特殊性重组的条件，可以免征企业所得税。

4. 契税

子公司取得土地使用权应缴纳契税，但如果是全资子公司，可免征契税。

有一点需要特别注意的是，房地产企业取得土地使用权再次转让，可能会受到《城市房地产管理法》中投资额超过 25% 的条件限制，具体情况各地土地管理部门执行的宽严程度不同。如果投资超过 25%，意味着投资的不再是单纯的土地使用权，而是在建工程或在建项目投资，应按照不动产转让来交税，土地增值税的扣除项目就可以包含加计扣除内容。

三、母公司未签署土地出让协议但已有开发投入

案例 3

C 公司拟从政府取得一块开发用地，但由于用地指标问题，土地出让程序一直未进行，但 C 公司已在该土地上做了大量投入，包括前期设计、勘查勘探、可研，并且在没有取得相关手续的情况下已经开始实际的工程施工。累计发生开发成本 5000 万元。现准备开始招拍挂，政府要求必须在土地所在地设立子公司，以子公司拍得土地。请问 C 公司投入如何处置？

这也是实务中经常遇到的问题，只不过投入的多少不同，项目实际开

发和施工的进程差异而已。企业这种先上车后买票行为导致前期的5000万元投入，协议、付款、发票均为C公司，无法直接计入子公司开发成本。我们建议的变通办法是将C公司已投入部分视为在建工程，将其投资到子公司，并开具增值税发票，子公司方可入账，具体涉税事项同第二种情况，此处略去。

| 结论 |

从上面三个案例来看，除了第一个案例是企业同政府预先设计，不需要视为转让，另外两种情况都会设计土地或在建工程的转让。因此我们提醒企业，尽管拿地情况复杂，但一定要抓住问题的关键，就是拿地主体的决策，一旦决策失误，重新调整风险巨大。

房地产企业代建业务的财税关键节点

委托代建作为近年来一种常见的工程管理模式，其主要特点就是建设单位将建设工程项目委托给专业化的项目建设或管理企业，由其进行建设实施，控制项目投资、质量和工期，并在建成后移交给建设单位或投资主体指定的使用者或经营者。

越来越多的房地产企业放弃重资产模式，开始同政府、事业单位和其他房地产开发企业合作，运用自己的项目管理能力实施代建业务，但与此同时代建的操作模式也在发生变化，代建的涉税风险也逐渐浮出水面。

一、从财税角度如何理解代建模式?

标准的代建模式通常具备以下特点：

（1）代建项目的立项、土地和后续报建手续都在项目方名下，而不在代建方名下。

（2）代建方通常不垫资，由项目方承担全部建设费用。

符合这两个特点的代建业务中，项目方同代建方签署委托代建协议，支付工程建设款项，代建方负责整体工程管理过程，实质上是提供了一种特殊的工程管理服务，应就取得的代建管理费收入缴纳6%增值税，并向项目方开具发票。

二、代建模式的两种特殊变异模式

1. 代建方取得土地怎么办?

如果代建方取得土地使用权，意味着后续的报建手续应以代建方企业为主体实施，那这就不再是真正意义的代建，而属于该企业自行开发项目，如果完工后要移交项目方，必须视同销售缴纳增值税、土地增值税和企业所得税。

2. 代建方垫资怎么办?

实务中有一些代建业务房地产企业参与垫付资金，这种情况我们认为应分解为提供代建服务和提供贷款服务两种业务，并就两种业务分开核算，分开开具代建服务费发票和资金占用费（利息）发票。项目方取得代建服务费专用发票可以抵扣增值税进项，取得资金占用费发票不得抵扣进项。

三、代建模式如何签署协议?

代建模式中存在两类协议，一类是代建方同项目方签署的委托代建协议，约定双方在代建业务中的权利义务和双方责任；另一类是施工合同。

施工合同的签署实际操作中不尽相同，但主要思路有两种：

第一，项目方、代建方、施工方三方签署协议，约定三方各自权利、义务责任；

第二，经项目方授权，代建方同施工方直接签署协议，但应在合同中注明项目方基本情况以及代建方同项目方的主要权利义务。

四、代建模式下的代建方的财税处理关键点

1. 代建方企业的会计核算

代建方作为项目方的代言人，收到项目方的工程款项，再按照工程进

度支付给施工方企业，建议作为往来科目处理，所有收款计入其他应付款，所有支付的工程款计入其他应收款，最终项目完工决算后统一将两个科目对冲即可。代建管理费按照合同约定和实际支付节点正常核算收入，开具发票即可。

但房地产教科书上给予的是另外一种做账方法，即房地产企业先计入开发成本——代建工程科目，然后完工后计入开发产品——代建工程，最终交接后计入主营业务成本——代建工程。这种做法当然可以，但实务中较易同企业自行开发项目混淆，引发涉税风险。

2. 代建方企业面对的资金流和施工发票开具

既然会计核算清晰了，资金流自然非常清楚，项目方向代建方支付工程款，代建方向施工单位支付工程款，但对应的施工单位发票可不是开给代建方企业，而应当开具给项目方企业或者单位。这一点特别需要注意，实务中很多代建操作在施工发票的开具上出现思维混乱，最终给企业带来涉税风险，甚至很多税务机关倾向于认为如果发票开具给代建方企业，那么就不再是代建而是自行开发。

因此，资金流和发票在代建模式中出现了不完全一致的情况，代建方企业作为代建管理服务企业，约定了资金流的代付义务，因此，虽然不一致，并不影响各方的财税处理。

建筑企业也能申请高新技术企业认证吗

建筑企业最头疼的税种其实不是增值税，而是企业所得税，25%的税率对于建筑企业而言还是压力比较大。如何能够将税负降下来？能不能像其他科技型企业一样享受15%优惠税率？很多建筑企业表示从来没有想过。高新技术企业认证，听起来是很高大上的事情，长期从事劳动密集型产业的建筑业，好像从来与此无缘。但实质真的是这样吗？先来看看高新技术企业认证条件——《高新技术企业认定管理工作指引》。

第十条 高新技术企业认定须同时满足以下条件：

（一）在中国境内（不含港、澳、台地区）注册的企业，近三年内通过自主研发、受让、受赠、并购等方式，或通过5年以上的独占许可方式，对其主要产品（服务）的核心技术拥有自主知识产权。

（二）产品（服务）属于《国家重点支持的高新技术领域》规定的范围。

（三）具有大学专科以上学历的科技人员占企业当年职工总数的30%以上，其中研发人员占企业当年职工总数的10%以上。

（四）企业为获得科学技术（不包括人文、社会科学）新知识，创造性运用科学技术新知识，或实质性改进技术、产品（服务）而持续进行了研究开发活动，且近三个会计年度的研究开发费用总额占销售收入总额的比例符合如下要求：

（1）最近一年销售收入小于5000万元的企业，比例不低于6%；

（2）最近一年销售收入在5000万元至20000万元的企业，比例不低于4%；

（3）最近一年销售收入在20000万元以上的企业，比例不低于3%。

其中，企业在中国境内发生的研究开发费用总额占全部研究开发费用总额的比例不低于60%。企业注册成立时间不足三年的，按实际经营年限计算。

（五）高新技术产品（服务）收入占企业当年总收入的60%以上。

（六）企业研究开发组织管理水平、科技成果转化能力、自主知识产权数量、销售与总资产成长性等指标符合《高新技术企业认定管理工作指引》（另行制定）的要求。简单总结一下就是四个指标：技术标准、人员标准、研发标准和综合指标。

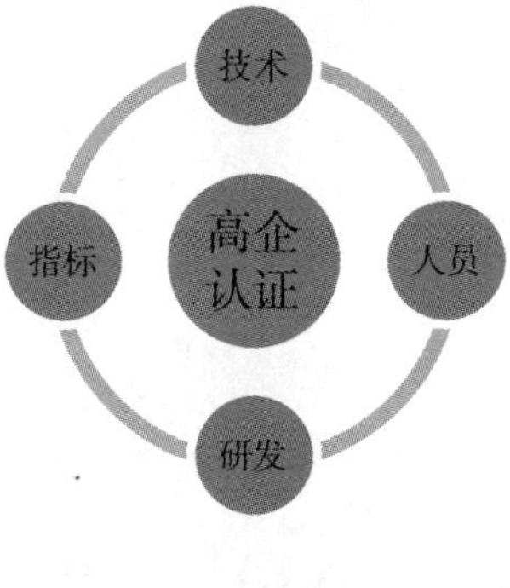

图1

这里面最难的切入点其实还是技术！其他的人员、研发、指标都是围绕着这个核心点，那么建筑企业有没有可能也找到创新技术的可能呢？从国家重点支持的高新技术领域可找到与建筑业相关的两个部分内容：

第一部分：新能源与节能；高效节能技术；建筑节能技术：绿色建筑

设计技术，建筑节能技术，可再生能源装置与建筑一体化应用技术，精致建造和绿色建筑施工技术，节能建材与绿色建材的制造技术等。

第二部分：资源与环境；固体废弃物处置与综合利用技术；建筑垃圾处置与资源化技术；建筑垃圾的分类与再生料处理技术；建筑废物资源化再生关键技术；新型再生建筑材料应用技术；再生混凝土及其制品制备关键技术；再生混凝土及其制品施工关键技术；再生无机料在道路工程中的应用技术等。

由此可见，建筑企业成为高新技术企业，享受15%优惠税率，并非不可能的事情，关键在于有没有向这个方面努力。当然，要满足所有的四类条件，还是对建筑企业提出了更高的要求，相比其他科技感更强的企业，劳动密集型的建筑企业需要付出更多的努力才能达到，但比起最终能够享受的税率优惠来讲，努力一定是有价值的。

教你算算，你以后可能不需要缴纳个税了

个税新政对于工薪阶层最大的亮点就是专项附加扣除，2018 年 12 月 13 日，暂行办法终于面世，看完之后最大的感受就是：大多数工薪阶层今后可能真的不需要缴纳个税了！让我们来重新梳理一下个税新政：

一、工资个税基本模式变化，2019 年开始你的个税就是按年缴纳，每个月公司财务只是预扣个税，次年三到六月必须自己填写个税汇算表进行全年汇总计算申报。

二、全年个税计算简单法则四步走（忽略劳务报酬）。

第一步，确认全年总收入，12 个月工资 + 年终奖金 + 各种属于工资的津贴和补助；

第二步，减除全年 6 万元基本费用（就是所谓起征点 5000 元每月）

第三步，减除社保个人缴纳部分，主要是养老和医疗。

第四步，减除五项专项扣除，这个蛮复杂，看看下表就基本有所了解。

项目	性质界定	扣除标准
子女教育专项附加扣除	纳税人的子女接受学前教育和学历教育的相关支出，学历教育包括义务教育、高中阶段教育、高等教育	每个子女每年 12000 元（每月 1000 元）的标准定额
继续教育专项附加扣除	纳税人接受两类教育支出： （1）学历继续教育的支出； （2）技能人员职业资格继续教育、专业技术人员职业资格继续教育支出	（1）学历教育期间按照每年 4800 元（每月 400 元）定额扣除； （2）职业资格继续教育支出，在取得相关证书的年度，按照每年 3600 元定额扣除
大病医疗专项附加扣除	社会医疗保险管理信息系统记录的个人支付部分（包括医保目录范围内的自付部分和医保目录范围外的自费部分）	一年内个人负担超过 15000 元的医药费用支出部分，可以按照每年 80000 元标准限额据实扣除
住房贷款利息专项附加扣除	商业银行或住房公积金个人住房贷款为本人或其配偶购买住房，发生的首套房贷款利息支出（享受首套住房贷款利率的住房贷款）	偿还贷款期间，可以按照每年 12000 元（每月 1000 元）标准定额扣除。非首套住房贷款利息支出，纳税人不得扣除
住房租金专项附加扣除	纳税人本人及配偶在纳税人主要工作城市没有住房，而在主要工作城市租赁住房发生的租金支出	标准定额扣除： （1）承租的住房位于直辖市、省会城市、计划单列市每年 18000 元（每月 1500 元）； （2）承租的住房位于超过 100 万城市，扣除标准为每年 13200 元（每月 1100 元）； （3）承租的住房位于 100 万（含）以内城市，扣除标准每年 9600 元（每月 800 元）
赡养老人专项附加扣除	纳税人赡养 60 岁（含）以上父母以及其他法定赡养人的赡养支出	标准定额扣除： （1）独生子女的，按照每年 24000 元（每月 2000 元）的标准定额扣除； （2）非独生子女的，应当与其兄弟姐妹分摊每年 24000 元（每月 2000 元）的扣除额度，分摊方式包括平均分摊、被赡养人指定分摊或者赡养人约定分摊，具体分摊方式在一个纳税年度内不得变更

第四步，收入 − 6 万基本费用 − 社保扣除 − 专项附加扣除 = 应纳税所

得额，就是你计算个税的基数，按照3%～45%超额累进税率计算。

级数	全年应纳税所得额	税率(%)
1	不超过36000元的	3
2	超过36000元至144000元的部分	10
3	超过144000元至300000元的部分	20
4	超过300000元至420000元的部分	25
5	超过420000元至660000元的部分	30
6	超过660000元至960000元的部分	35
7	超过960000元的部分	45

三、我们来帮你算算个税。

（1）年收入12万元。假设：你一个小孩，当年未考证，未上学，未生病。

收入	12万元
减除：基本费用	6万元
减除：社保	1万元（以10%概算）
减除：专项扣除合计	48000元
子女教育	12000元（一个小孩）
继续教育	—
大病	—
住房贷款利息	12000元
租房租金	—
赡养老人	24000元（独生子女）
应纳税所得额	2000元
适用税率	3%
应缴个税	60

由此可见，年收入12万元以内的工薪阶层，基本就可以告别个税了。

（2）年收入24万元（假设不变）。

收入	24万元
减除：基本费用	6万元
减除：社保	1万元（以10%概算）

续表

减除：专项扣除合计	48000 元
子女教育	12000 元（一个小孩）
继续教育	—
大病	—
住房贷款利息	12000 元
租房租金	——
赡养老人	24000 元（独生子女）
应纳税所得额	122000 元
适用税率	10%
应缴个税	1080 + 8600 = 9680 元

年收入 24 万元，计算完全年个税也不超过 10000 元。

高收入人群请按照上述公式自行计算。

老板购置不动产应以公司名义还是个人名义

常常有身边的企业老总们询问这个问题。企业财务人员熟悉基本会计核算、报税，但面对类似这样的问题，总是不知从何说起。我以为，做出决定时主要需要考虑四个因素：

一、购置不动产的抵税效果

	以公司购买	以个人购买
增值税	取得增值税专用发票可以抵扣进项；营改增前老房产只能取得5%发票，营改增后新房产可以取得9%发票	无抵税效果
企业所得税	按照发票不含税金额计入资产成本，折旧20年可在所得税前扣除，抵税效果为25%所得税	无抵税效果

二、持有、租赁或运营过程中的税负成本

我们先来看看持有状态：

	以公司购买	以个人购买
土地使用税	持有阶段按照对应土地标准正常缴纳	暂无
房产税	持有阶段按照房产余值的1.2%缴纳	不投入运营阶段无

再来看看租赁阶段：

	以公司购买	以个人购买
增值税	营改增前取得的不动产可选择5%简易计税方法；营改增后取得的不动产按照9%	按照5%简易计税方法缴纳。住房租赁月租金不超过3万元免征增值税
房产税	按照租金的12%缴纳	按照租金12%缴纳，住房租赁按照4%缴纳
企业所得税及个人所得税	正常按照25%缴纳	不含税租赁收入定额减除20%费用，再减除修缮费用（800元以内），按照20%税率征收； 住宅租赁计算完后按照10%优惠税率征收

最后是运营阶段：

	以公司购买	以个人购买
投入运营	公司可以直接投入运营，也可以对外租赁，由其他企业运营	个人通常只能对外租赁，由其他企业主体运营

三、未来再次转让或过户涉及的税负成本

	以公司购买	以个人购买
转让	缴纳5%（老不动产）或9%（新不动产）增值税； 按照增值额缴纳30%～60%土地增值税； 并入当年度应纳税所得额缴纳25%企业所得税	缴纳5%增值税； 通常核定征收土地增值税不低于1.5%（普通住宅免征土增，非普通住宅3～5年减半）； 个人所得税通常核定1%
投资	缴纳5%（老不动产）或9%（新不动产）增值税； 非房地产公司对外投资免征土地增值税，房地产公司投资按照增值额缴纳30%～60%土地增值税； 并入当年度应纳税所得额缴纳25%企业所得税（可申请5年缴纳），如为全资子公司符合特殊性重组条件可免征	缴纳5%增值税； 土地增值税暂不征收； 个人所得税通常核定1%
合并分立	增值税免征； 非房地产公司对外投资免征土地增值税，房地产公司投资按照增值额缴纳30%～60%土地增值税； 所得税符合特殊性重组条件可以免征	无

四、法律风险

	以公司购买	以个人购买
法律风险	公司债权债务和法律风险可能导致不动产权益受到限制，甚至被强行处置	通常公司债权债务和法律风险无法影响个人资产，但在公司借款合同中约定资产抵押或者个人财产无限连带责任的除外

世界上没有十全十美的方案，所有的选择都是两害相权取其轻的结果。有了以上的详细分析，相信你可以有一个大概的思路和判断了。

财税问题中事实重要还是证据重要

会计上有一个很有意思的原则叫做实质重于形式原则（Substance Over Form Principle），是指企业应当按照交易或事项的经济实质进行会计核算，而不应当仅仅按照它们的法律形式作为会计核算的依据。最常被举出的案例就是以融资租赁的形式租入的固定资产，虽然从法律形式来讲企业并不拥有其所有权，但是由于租赁合同中规定的租赁期相当长，接近于该资产的使用寿命；租赁期结束时承租企业有优先购买的选择权，在租赁期内承租企业有权支配资产并从中受益。所以，从实质上看，企业控制了该项资产的使用权及受益权。所以在会计核算上，将融资租赁的固定资产视为企业的资产。这好比说一个男人虽然穿着女人的衣服，蓄了长发，化了浓妆，但本质上还是个男人，因此还是应该去男卫生间。

形式与实质的争议其实远不止在会计上那么简单，在企业和税务机关的相互博弈中，这个问题始终存在，并争议至今。

案例

A房地产企业项目销售情况不佳，由于资金紧张，企业以员工亲朋好友名义办理商品房假按揭手续，涉及50套住宅约7000万元房款。企业认为自己并未实现真实销售，因此未就这部分收入交税。税务机关检查认定为隐瞒收入，要求企业补缴增值税、土地增值税和企业所得税，同时缴纳滞纳金和罚款。

B 企业从供应商处采购材料，签署合同并支付价款，取得供应商名义开具的增值税普通发票一张。B 企业入账并在当年度所得税前扣除。结果在第二年的税收检查中发现该发票属于假发票，虽然认定 B 企业为善意取得，但依然不予认可。

这两个案例恰好是形式与实质在涉税事项中的两个极端。假按揭案例中，A 企业并未发生真实销售行为，但表现出来的却是网签合同已经正式签署，首付款已经到账，银行按揭款也已经到账，表面来看所有手续都是合法的，因此，税务机关对于假按揭的实质一定不予采纳。假发票案例中，B 企业虽然业务实质是真实发生的，合同、付款、货物均为真实发生，仅仅由于疏忽导致发票出现问题，但按照发票管理相关规定，依然对于业务实质不予认可。

那么在纳税管理上，到底是实质重要还是形式重要？甚至同一个税务机关，也可能在不同问题上采取相反的处理方案。那我们其实可以得出一个结论，对于税务机关而言，何种态度有利于征税就会采取何种态度。

站在企业角度，永远和税务机关不可能站在同一起跑线。作为企业，在实质和形式的问题上，我们应该保持清醒的头脑，实质重要，但形式更重要。翻译一下这句话：证据比事实重要。关于企业经营的事实是什么，税务机关永远认为信息是不对称的，因此只能从证据来了解企业的真实经营情况，而且这个证据不是单一的孤证，而是一个完整的证据链条。

| 法律小贴士 |

证据链

证据链是法律术语，指一系列客观事实与物件所形成的证明链条。我国刑事诉讼法虽然没有明确规定证据裁判原则，但是第 53 条规定“对一切案件的判处都要重证据，重调查研究，不轻信口供”，体现了证据裁判原则的要求。刑事诉讼法第53条除了规定“证据确实、充分”证明标准以外，同时明确了证据确实、充分的三项条件，其中第三项条件是“综合全案证据，对所认定事实已排除合理怀疑”，这也就意味着全案证据之间必须形成一个不相矛盾、能够相互印证且能够证明案件事实的证据链。因此，证据链的构成至少包括以下三个要求：

一是有适格的证据。所谓适格就是要求证据必须具有可采性。可采性要求证据必须与案件事实具有关联性，同时没有法律所禁止的情形，包括法律所禁止的证据形式和取证方式。

二是证据能够证明案件的证明对象。

三是证据之间能够相互印证，对案件事实排除了合理怀疑。

透彻理解房地产财税特点的钥匙——配比

正常企业的财务会计系统的配比通常是因果配比与时间配比的统一。但房地产企业项目运作的长周期性决定了项目一定是跨越会计年度和纳税年度的，项目收入与成本的因果配比与年度配比产生矛盾，这是房地产企业不同于其他企业最重要的财税特点，由此决定了房地产企业的税收风险也完全不同于其他企业。以下为房地产项目三阶段示意图。

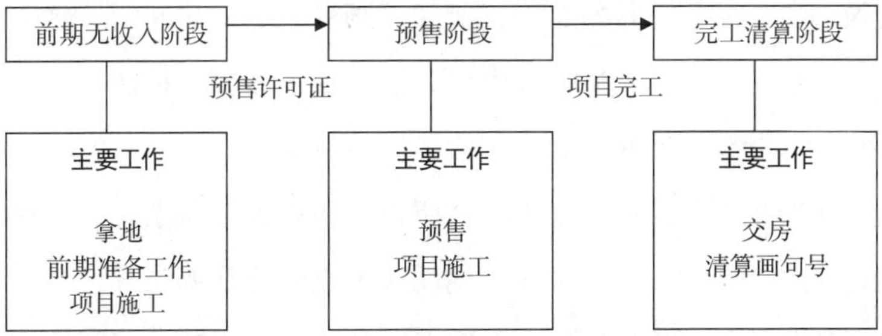

图 1

正常房地产项目的开发，始于拿地，经历立项、规划审批，拿到施工许可证开始开工建设，达到预售条件取得预售许可证，施工同时同步开始预售，直至项目最终完工，完成竣工验收和备案，最后交房入住。这才完成整个项目商品房的开发过程。这个完整的过程短则三年，长则五六年甚至更长。为了更好地理解房地产独特的配比特点，我们将项目开发全过程划分为三大阶段，从拿地开始到取得预售许可证结束为第一阶段，前期无收入阶段。从开始预售到完工为第二阶段，预售阶段。从完工到项目彻底清算完成为第三阶段，完工清算阶段。

为了分析的简化，我们假定房地产公司开发的项目周期为三年，每个阶段为一年，三个阶段财税配比情况如下：

第一年为前期无收入阶段。尚未开始预售商品房，无收入；项目成本已经开始发生，主要为土地成本、前期工程费和建安成本，如开始融资，融资费用也计入成本，由于成本发生的长周期，完工前无法同收入配比，只能计入资产类科目开发成本；费用正常发生，但主要为管理费用，财务费用忽略，销售费用暂无。这个阶段，由于没有收入，增值税、土地增值税均不需要缴纳，所得税进行年度汇算清缴，正常情况应形成亏损。

第二年为预售阶段。开始预售商品房，大量房款流入企业，但达不到会计上确认收入的条件，企业财务会计系统暂不确认收入，计入负债类科目预收账款；开发成本继续发生，主要为建安成本、基础设施建造费和公共配套设施费；费用正常发生，主要为管理费用、销售费用。这个阶段开始收取大量房款，会计不确认收入但为了征税的需要，税法针对房地产这部分预售收入制订了特殊政策，增值税应在取得预售收入的当期预交，土地增值税预交也与增值税同步进行。所得税情况比较复杂，按照税法要确认所得税收入，但当年度与收入配比的成本无法确认和计算，为了实现配比，税务法规采取了变通措施，采取了预估成本的方法，暂估算一个标准成本计算当年度企业所得税，这个预估成本在税收法规中不叫做预估成本，而是采用了另外一种表达方式：计税毛利率，这其实是预估成本比率的差额。

第三年为完工清算阶段。假定商品房已经销售完毕，不再有房款流入企业，但完工和交房意味着会计上收入确认的条件已经满足，必须将预收账款转入收入；开发成本也全部发生完成，转入开发产品科目，然后同收入配比转入成本；费用继续正常发生，仍以管理费用为主。增值税已经在上阶段跟随预收房款做了预交，现在完工交房阶段增值税纳税义务正式发生，需要按照要求申报缴纳。土地增值税预交完成，所得税也在上个年度根据预估成本计算缴纳，但土地增值税和所得税都面临整个的最终清算，实质就是在这个阶段当会计上完成项目的收入成本匹配后，所得税和土地增值税也需要完成收入和扣除项目的匹配，这种匹配必然导致所得税和土地增值税的最终清算。

房地产项目全过程财税配比表

配比项目	无收入阶段	预售阶段	完工清算阶段
会计收入	无收入	无收入 预售房款计入预收账款，销售全部完成	预收账款转入收入
会计成本	实际发生成本计入资产中的开发成本科目	实际发生成本计入资产中的开发成本科目	开发成本转入开发产品，再转入业务成本
会计费用	正常发生核算	正常发生核算	正常发生核算
增值税		按照3%预征	正常申报缴纳
土地增值税		按预收房款的一定比例预交	根据真实成本实施清算
所得税	无收入，正常年度汇算清缴，形成亏损	预收房款即为收入，由于无实际成本数字，采用计税毛利率计算	根据真实成本实施清算

从上表我们不难得出几个结论：

第一，房地产企业的独特财税配比使得开发的不同阶段呈现出完全不同的缴税方法，也必然引发不同性质的涉税风险，这完全区别于普通行业缴税的平衡性和稳定性。无收入阶段主要以投入为主，三大主要税种基本都不需要缴纳，税务机关对企业该阶段关注度也较低；预售阶段开始实现大量收入，但由于真实成本还不能够可靠的计量，三大税种基本都是收入的比例（所得税的情况稍复杂，但也基本是一个比例），税务机关的关注度重点是在企业有没有隐瞒收入，实际成本的发生同缴税没有任何关系；完工清算阶段核心是真实成本的实现，税务机关关注的焦点是成本的合理、合规。

第二，房地产企业的财税风险具有明显的滞后性。普通行业由于经营的稳定性，税收风险的出现也是几率平均的，但房地产企业不同。在完工之前，缴税方法较为简单，企业和税务机关之间的争议问题也较少，涉税风险同样较小；完工之后，成本完整发生，项目面临最终的清算，清算的复杂性、争议性比起预售阶段不可同日而语。更重要的是，在预售阶段由于成本发生不直接影响缴税，很多企业对于实际成本的规划、核算严重忽视，导致入账成本存在问题，这些成本风险暂时不会爆发，而是像地雷一样潜伏在企业财务会计系统中，最终在清算中彻底爆发。等到成本风险爆发之日再来寻找解决方案或者补救措施，谈何容易。

关联方借款的那些事儿

话题要从企业之间的资金借贷业务开始说起。企业之间的资金借贷，可分为外来资金借款和关联方自有资金借款两种情况，外来资金借款无论是否收取利息均应当取得利息的增值税发票入账。麻烦和争议出现在关联方借款。通常情况下，关联方借款在内部并不收取利息，但无偿借款始终是一个巨大的税收风险点。

一、无偿借款是否需要视同销售缴纳增值税？

营业税时代，在营业税条例实施细则中对于视同销售只谈到了两种情况：将土地或房产无偿赠送；自建建筑物后销售情况下的自建行为。很显然无偿提供服务不属于营业税视同销售范围。

增值税时代情况发生了变化，财税〔2016〕36 号文附件 1 第 14 条规定，下列情形视同销售服务、无形资产或者不动产：

（一）单位或者个体工商户向其他单位或者个人无偿提供服务，但用于公益事业或者以社会公众为对象的除外。

（二）单位或者个人向其他单位或者个人无偿转让无形资产或者不动产，但用于公益事业或者以社会公众为对象的除外。

（三）财政部和国家税务总局规定的其他情形。

如果 A 公司向 B 公司提供借款，且未收取利息，将被认定为无偿提供贷款服务，应当按照本条规定视同销售计算利息的增值税。实务中关联企业之间的资金调拨多为无偿使用，在营改增后面临了巨大的涉税风险。虽然税务机关未能完全在征管中做到一刀切严格执行，但对于企业来讲，这个风险始终存在，何时提起都面临补税和处罚。

二、另一种解决方案看上去很美

很多人在利息问题上会提到集团公司内部的统借统贷业务，这个从营业税时代延续而来的特殊优惠政策一直在企业财务圈子保持着很高的关注度，这里不做政策沿革的介绍，只就最终的增值税政策做分析。

在财税〔2016〕36 号文附件 3 中专门谈到了统借统贷业务的增值税优惠政策问题。企业集团或企业集团中的核心企业以及集团所属财务公司按不高于支付给金融机构的借款利率水平或者支付的债券票面利率水平，向企业集团或者集团内下属单位收取的利息免征增值税。并对于统借统贷业务做了界定：

企业集团或者企业集团中的核心企业向金融机构借款或对外发行债券取得资金后，将所借资金分拨给下属单位（包括独立核算单位和非独立核算单位，下同），并向下属单位收取用于归还金融机构或债券购买方本息的业务。同时要求利息不高于金融机构借款利息。

但这个政策在实际执行中依然问题多多，譬如：

——如何界定企业集团中的核心企业？

——下属单位如何界定？是一层还是可以两层、三层控股？

——集团将资金分拨给下属单位是否需要经过银行同意？

这些争议使得实际执行中的企业很难享受到免税优惠。而且，要求集团必须从金融机构借款也使得这个优惠政策适用面太窄，只能是看上去很美。

三、无偿提供借款真正的解决方案出台

2019 年 2 月 2 日，财政部、税务总局联合发布《关于明确养老机构免征增值税等政策的通知》（财税〔2019〕20 号），文件中最受关注的不是养老机构这个老话题，而是关于资金无偿使用的话题。

文件第三条是这样说的：自 2019 年 2 月 1 日至 2020 年 12 月 31 日，对企业集团内单位（含企业集团）之间的资金无偿借贷行为，免征增值税。这个文件的出台才真正是无偿借贷行为的真正解决方案——成立集团，意味着只要设立了集团公司，集团内所有单位之间的资金往来不收取利息，都没有问题了。但仍然有几个问题需要提醒大家注意。

1. 集团的设立问题

企业集团的设立以前是需要工商部门核准的，但在 2018 年的国市监企注〔2018〕139 号文件中已经明确取消集团的登记与核准问题。具体操作有两个关键点：一是放宽名称使用条件。企业法人可以在名称中组织形式之前使用“集团”或者“（集团）”字样，该企业为企业集团的母公司。需要使用企业集团名称和简称的，母公司应当在申请企业名称登记时一并提出，并在章程中记载。母公司全资或者控股的子公司、经母公司授权的参股公司可以在名称中冠以企业集团名称或者简称。各级工商和市场监管部门对企业集团成员企业的注册资本和数量不做审查。二是强化企业集团信息公示。取消企业集团核准登记后，集团母公司应当将企业集团名称及集团成员信息通过国家企业信用信息公示系统向社会公示。这意味着企业只需要自己在公司名称中加入“集团”即可，并将自己认为属于集团公司成员的企业在工商系统公示，这个文件客观上打通了企业设立集团的所有障碍。

2. 享受政策的资金来源不再受限

在以前的统借统贷政策中始终限制在金融机构的资金来源，实际操作

中企业可能大量资金为自有资金，或者集团公司从民间借贷的资金，这里均不受限制，无需担心被税务机关视同销售缴纳增值税。

3. 取得资金企业的利息扣除问题仍未解决

这个政策不同于统借统贷政策，在上面所述统借统贷政策中，集团公司从银行借款后转借给下属公司并收取利息，只要利息不高于银行利息可以免征增值税，而且下属公司可以用收据入账在所得税前扣除利息。但2019年20号文中针对的是无偿借贷行为，集团公司将资金借给下属公司不收取利息，如果属于外来资金，利息只能集团公司自己入账，但实际使用资金的下属公司无法实现税前扣除，仅仅只是解决了增值税风险。

4. 关注优惠政策的时间限制

目前20号文中只给了两年的优惠政策期限，虽然从我国税收优惠的通行惯例来看，未来延期的可能性较大，但依然要关注时间限制。这里实际有一个问题，两年是针对出借资金的时点来界定还是针对借贷行为的期限来界定？我的看法是期限而非时点，这意味着如果优惠政策不延续，2020年发生的业务只能享受政策到年末。

针对以前已经发生的业务怎么办？文件最后给出了说明：**本通知自发布之日起执行。此前已发生未处理的事项，按本通知规定执行。**以前已经发生未处理的意思就是未交税的，那么不再交税。已经交过税怎么办？也不可能退税。至少企业不用担心过去的无偿借贷涉税风险。

| 结论 |

（1）企业可以利用此政策设立集团公司，彻底规避无偿提供借款的增值税风险。

（2）如果希望资金成本转移到实际使用方并在所得税前扣除，只能收取利息缴纳增值税，或者适用于文中所述36号文的统借统贷政策。

企业亏损的罪魁祸首究竟是谁

对任何企业而言，只要当期成本费用支出高于当期收入就会造成亏损。这是一个很简单的道理，但是我们站在经营角度，其实更需要分析的是在成本费用支出结构中，哪些支出才是造成亏损的罪魁祸首。传统的财务分析是这样的：

损益表	
收入	1000 万元
成本	700 万元
销售费用	150 万元
管理费用	150 万元
财务费用	30 万元
所得税	0

哪部分支出导致了亏损？看看每一项都不可缺少，每个部门的费用都不能缩减。最后的结果，要么是强行要求按比例缩减，要么是凭感觉减少支出。其实这张表里隐藏着一个管理上的秘密：固定支出和变动支出。所谓固定支出，就是并不随着销售量增加而增加的支出；所谓变动支出，就是随着销售量增加而增加的支出。按照这个逻辑，我们可以对企业的成本费用进行全新的分类。

变动支出	原材料、水电、临时人员工资等
固定支出	房租、折旧、固定人员工资等

假设每件产品的售价100元，生产这件产品所需的变动成本为40元，那么每卖出一件产品，可以消化的固定支出为60元，这个收入和变动支出的差额就是该产品给企业的贡献值，只要总的贡献值超过固定支出，企业就盈利了，那么自然相反的情况下，贡献值不足以弥补固定支出，企业就亏损。

损益表	
收入	1000万元
固定成本	400万元
变动成本	630万元
所得税	0
利润	-30万元

这样一来，传统的分析表就变成了上面这个表，很明显可以看出，企业的亏损不是由于变动成本造成，罪魁祸首正是固定支出！因此，对于任何一家企业来讲，搞清楚固定成本是了解企业风险的最重要途径。

企业资产重组涉税处理与税收政策全攻略之股权转让

股权转让是企业重要的资本运营手段，由于情况复杂，企业很难全面把握其涉税处理，我们依据实际咨询工作经验和相关财税政策整理如下，仅供参考。

一、自然人股权转让

1. 增值税

根据财税2016年36号文中列示的增值税应税行为类别，转让股权不属于增值税征税范围，无需缴纳增值税。转让方取得转让价款也无需向收购方提供增值税发票，提供收款收据即可。

2. 个人所得税

自然人股权转让如果存在个人所得，必然涉及个人所得税，税率为20%。关于股权转让个人所得税长期以来处于失控状态，直到2009年国家税务总局发布国税函〔2009〕285号文件明确了股权转让如何缴纳个税，后来2010年又发布了国家税务总局公告〔2010〕27号文件做了补充。

最终在2014年结合征管实践，股权转让个税的集大成文件出台：《国家税务总局关于发布〈股权转让所得个人所得税管理办法（试行）〉的公告》（国家税务总局公告2014年第67号）。结合文件，具体实施中涉及以下问题：

（1）股权转让个税的基本逻辑。

股权转让个税的缴纳基数是转让所得，而转让所得的计算是有逻辑的：

股权转让所得 = 股权转让公允价值 – 股权转让历史成本 – 转让中的税费

（2）股权转让公允价值的认定。

股权转让公允价值通常是影响个税的关键，成交双方有时会倾向于隐瞒或者压低真实转让价款，从而影响股权转让公允价值。财务人员在股权转让中要关注以下要点：

第一，公允价值通常不能低于目标公司账面净资产，如果公司有土地、房产、无形资产、股权资产等特殊资产（溢价可能性较大），还应该对公司净资产进行评估，以评估价值作为公允价值的判断标准。

第二，公允价值通常不能低于同期公司其他股东股权转让价格。

第三，公允价值通常不能低于股东取得股权的历史成本。

出现上述三种情况，会被税务机关认定为价格明显偏低。

（3）股权转让历史成本的认定。

历史成本相比公允价值，判断起来较为简单：

第一，如果是初始投资股东或增资进入股东，取得股权的历史成本为其原始投入；需要注意的是，应以实收资本（如果有投入溢价还应加上资本公积）对应股权份额，而不是注册资本对应份额作为标准。

第二，如果是后续通过转让方式取得股权，历史成本应以转让价款为标准。

（4）股权转让价格明显偏低如何处理？

出现价格明显偏低，税务机关要判断是否合理。在2014年67号公告中提出了四种情况，其实最重要、最常见的一个就是直系亲属之间的转让，即使价格偏低（比如原价或0对价），也认定为合理，不需要征税。如果认定为不合理，税务机关会进行核定，常使用两种方法：净资产核定法和类比法，具体略。

（5）个人股权转让个税的代扣代缴。

这个问题需要特别强调，根据个人所得税法要求，需要由支付方代扣代缴个人所得税，其中支付方无论是个人还是企业，据需要履行扣缴义务。

3. 印花税

《印花税暂行条例》中的印花税税目表中规定，产权转移书据包括财产所有权和版权、商标专用、专利权、专有技术使用权等转移书据，按所载金额万分之五来贴花。

二、企业股权转让

企业转让股权同个人转让的逻辑基本类似。

1. 增值税

同上，增值税免征。转让企业提供收据给收购方即可入账。

2. 企业所得税

企业所得税的基本逻辑、转让股权公允价值的认定、历史成本的认定同个人所得税也基本一致，企业股权转让在税法中被归类于企业资产重组的一种，因此并未单独发布文件进行描述，而是将基本思路包含在财税2009年59号文中。

3. 企业所得税优惠政策

企业股权转让同个人股权转让最大的不同是其优惠政策。税法中将直接转让、以股权对外投资、股权置换股权都视为股权发生转让，但对于直接转让货币对价以外的情况给予了一定程度的优惠。

（1）股权对外投资。

股权作为企业的非货币投资，正常情况下需要按照公允价值计算缴纳企业所得税，但依据《财政部 国家税务总局关于非货币性资产投资企业所得税政策问题的通知》（财税〔2014〕116号）文件，可以分为5年缴纳。

（2）股权置换股权。

股权置换股权在税法中也属于股权收购的一种，符合下面两个条件的可以享受优惠政策，适用特殊性重组：

第一个条件是收购企业购买的股权不低于被收购企业全部股权的50%。

第二个条件是收购企业在该股权收购发生时的股权支付金额不低于其交易支付总额的85%。符合条件的转让企业即可选择暂不确认股权转让所得，也就不征收对应的企业所得税。

关于这一问题的处理细节和规定，详见财税2009年59号文、财税2014年109号文和国税总局2015年48号公告等文件，此处不再赘述。

4. 印花税

同个人股权转让，按照产权转移书据，合同按所载金额万分之五来贴花。

企业资产重组涉税处理与税收政策全攻略之资产投资

对外投资是企业重要的资本运营手段，由于情况复杂，企业很难全面把握其涉税处理，我们依据实际咨询工作经验和相关财税政策整理如下，仅供参考。

一、货币资产投资

（1）投资方不涉税，以实际出资额作为长期股权投资计税成本；

（2）接受投资方不涉税，以实际收到投资额计入实收资本（特殊情况可能计入资本公积）。

二、机器设备、存货投资

（1）投资方。

	涉税处理	政策依据
增值税	（1）正常抵扣过进项的机器存货按照13%缴纳增值税； （2）按政策未抵扣进项的机器存货按照3%或3%减按2%缴纳增值税	（1）增值税暂行条例及实施细则 （2）财税〔2009〕9号 国税函〔2009〕90号 财税〔2014〕57号

续表

	涉税处理	政策依据
企业所得税	（1）正常按照评估值和计税成本之间差额计算缴纳企业所得税； （2）可申请按照5年缴纳； （3）投资全资子公司符合特殊重组条件可免征	（1）财税〔2009〕59号 （2）财税〔2014〕116号 （3）财税〔2014〕109号
会计处理	（1）以机器存货公允价值作为长期股权投资的计税成本； （2）享受所得税免税优惠的应以资产原值作为计税成本	—

（2）接受投资方。

	涉税处理	政策依据
增值税	（1）取得增值税专用发票正常抵扣进项； （2）投资方3%减按2%缴纳增值税无法开具专票，接受投资方无法抵抗进项	（1）增值税暂行条例及实施细则 （2）财税〔2009〕9号 （3）国税函〔2009〕90号 （4）财税〔2014〕57号
企业所得税	（1）正常按照投资公允价值作为资产计税成本，计提折旧； （2）投资方享受优惠政策的接受投资方应按照原值作为资产计税成本； （3）2018年开始单位价值500万元以内的资产一次扣除	（1）财税〔2009〕59号 （2）财税〔2014〕116号 （3）财税〔2014〕109号 （4）财税〔2018〕54号
会计处理	（1）正常情况以机器存货公允价值作为资产原值； （2）投资方享受税收优惠免征所得税的应以原值作为资产计税成本	—

三、股权投资

（1）投资方。

	涉税处理	政策依据
增值税	免征增值税	财税〔2016〕36号

续表

	涉税处理	政策依据
企业所得税	(1) 正常按照股权评估值和计税成本之间差额计算缴纳企业所得税； (2) 可申请按照5年缴纳； (3) 投资全资子公司符合特殊重组条件可免征	(1) 财税〔2009〕59号 (2) 财税〔2014〕116号 (3) 财税〔2014〕109号
会计处理	(1) 以股权公允价值作为长期股权投资的计税成本； (2) 享受税收优惠的应按照投资股权原值作为计税成本	—

(2) 接受投资方。

	涉税处理	政策依据
增值税	不能抵扣进项	增值税暂行条例及实施细则
企业所得税	(1) 正常按照投资公允价值作为资产计税成本，计提折旧； (2) 投资方享受优惠政策的接受投资方应按照原值作为资产计税成本	(1) 财税〔2009〕59号 (2) 财税〔2014〕116号 (3) 财税〔2014〕109号
会计处理	(1) 正常情况以股权公允价值作为资产原值； (2) 投资方享受税收优惠免征所得税的应以原值作为资产计税成本	—

四、土地使用权、不动产投资

(1) 投资方。

	涉税处理	政策依据
增值税	(1) 营改增后取得的土地房产按照9%缴纳增值税。 (2) 营改增前取得的土地房产按照5%且差额缴纳增值税。 (3) 房地产企业以老项目商品房和在建工程投资按照5%缴纳增值税；以新项目商品房和在建工程投资按照9%缴纳增值税，且可以将土地价款从投资收入中减除	(1) 财税〔2016〕36号 (2) 财税〔2016〕47号 (3) 财税〔2016〕36号

续表

	涉税处理	政策依据
土地增值税	（1）非房地产公司暂免征收土地增值税； （2）房地产公司征收土地增值税	财税〔2015〕5号
企业所得税	（1）正常按照评估值和计税成本之间差额计算缴纳企业所得税； （2）可申请按照5年缴纳； （3）投资全资子公司符合特殊重组条件可免征	（1）财税〔2009〕59号 （2）财税〔2014〕116号 （3）财税〔2014〕109号
会计处理	（1）正常情况以土地房产公允价值作为资产原值； （2）投资方享受税收优惠免征所得税的应以原值作为资产计税成本	—

（2）接受投资方。

	涉税处理	政策依据
增值税	（1）企业取得不动产增值税专用发票可分为两年两次抵扣进项； （2）房地产企业取得土地和在建工程发票（继续开发商品房）可直接一次抵扣	（1）增值税暂行条例及实施细则 财税〔2016〕36号 （2）国家税务总局公告2016年第18号
企业所得税	（1）正常按照投资公允价值作为资产计税成本，计提折旧； （2）投资方享受优惠政策的接受投资方应按照原值作为资产计税成本	（1）财税〔2009〕59号 （2）财税〔2014〕116号 （3）财税〔2014〕109号
契税	（1）正常缴纳契税； （2）全资子公司可免征契税	财税〔2018〕17号
会计处理	（1）正常情况以股权公允价值作为资产原值； （2）投资方享受税收优惠免征所得税的应以原值作为资产计税成本	—

六、技术等无形资产投资

（1）投资方。

	涉税处理	政策依据
增值税	（1）正常情况按照6%缴纳增值税； （2）符合技术转让优惠政策的免征增值税	财税〔2016〕36号
企业所得税	（1）正常按照股权评估值和计税成本之间差额计算缴纳企业所得税； （2）可申请按照5年缴纳； （3）投资全资子公司符合特殊重组条件可免征； （4）技术投资符合条件的可享受优惠（年度500万元以内免征，超过部分减半征收）	（1）财税〔2009〕59号 （2）财税〔2014〕116号 （3）财税〔2014〕109号 （4）国税函〔2009〕212号 （5）财税〔2010〕111号 （6）财税〔2015〕116号
会计处理	（1）以股权公允价值作为长期股权投资的计税成本； （2）享受税收优惠未缴纳所得税的应按照投资技术原值作为计税成本	—

（2）接受投资方。

	涉税处理	政策依据
增值税	（1）取得增值税专用发票可以抵扣进项； （2）投资方免税的情况下不能抵扣进项	增值税暂行条例及实施细则
企业所得税	（1）正常按照投资公允价值作为资产计税成本，计提折旧； （2）投资方享受优惠政策的接受投资方应按照原值作为资产计税成本	（1）财税〔2009〕59号 （2）财税〔2014〕116号 （3）财税〔2014〕109号
会计处理	（1）正常情况以技术公允价值作为资产原值； （2）投资方享受税收优惠免征所得税的应以原值作为资产计税成本	—

如何识别一家好公司的报表

坏的公司各有各的坏法，但好的公司一定能够找到一些共同特点。拥有从财务报表判断公司好坏的能力，已经成为管理者的必备基本功。对于什么样的公司是好公司，当然见仁见智，但从财务报表的角度，一家好公司的报表，至少应当具备以下特点。

一、盈利状况合理

所有的好公司都应该有合理的盈利。所谓的合理盈利也应当满足三个要求。

1. 公司利润主要来源于主营业务

对于所有公司来讲，主营业务清晰，公司战略聚焦方能持久，反馈在报表上，主营业务收入应该占据整个收入的大头。其他业务收入、资产转移收入、投资收益等特殊收入如果占比过高，一定是出现异常，需要特别警惕。

2. 主营业务收入的毛利率合理

毛利是所有利润的源头，确保毛利空间是确保利润实现的最重要保障。当然不同行业的毛利率是不同的，但同一行业之间的毛利很容易帮助我们看到差异和不同。而且正常情况下毛利应保持相对稳定，商业模式的创新、技术的革新和上游的价格变动才可能引发毛利率的异常变化。

3. 公司盈利能力稳定

经营的稳步增长对应的必然是盈利能力的稳定。通过财务造假造出的盈利一定无法持久。当然真实状态下的盈利不稳定也意味着业务不稳定和收入不稳定。

二、健康而真实的销售收入

利润来自销售收入，对利润的关注进一步深入必然延伸到销售收入。好公司的销售收入至少应该具备以下特点。

1. 不存在对个别客户过度依赖，无大额现金交易

个别客户或者个别区域的过度依赖通常意味着经营风险较高，合理的客户结构和区域结构是健康销售收入的保证。当然在当今的监管和金融形势下，大额现金交易基本可以和造假画等号。

2. 不依赖关联企业或优惠政策

销售收入的客观真实判断需要关注关联企业和关联交易，通过关联交易进行利益输送和收入设计是很多企业造假的常见手段。

同样，如果过度依赖优惠政策取得收入和利润，往往不能持久，而且在中国，政策可能会发生变化。所以必须依赖企业自身核心竞争能力取得收入，而不是政府倾斜。

3. 收入确认方式合理可判断

无论是会计还是税法，对于收入确认标准都做了相关规定，真实的收入往往在收入确认方式上明确，稳定且可持续。虚构的收入常常在收入确认上做手脚，而且难以持续。

4. 收入与现金流有合理的相关度

真实收入同现金流一定有高相关性，高质量收入也必然对应高质量的现金流。企业虚构的收入常常并无对应的现金流，表现为应收账款异常增加。

三、公司成本费用确认稳健

成本费用和收入一样会影响利润。成本费用的确认同样应当稳定且稳健，在同一类问题上频繁变换标准通常意味着对利润的造假。

四、公司资产质量可信

1. 存货比例合理，无低品质存货，周转率合理

对于生产型企业和商业型企业而言，存货是造假的重灾区，但凡造假的企业必然出现存货异常；

当然，在真实经营中，存货占资产的比重和周转速度一般也揭示了企业的经营能力的强弱。

2. 应收账款余额合理，账龄短，与收入增幅相当

如前所述，超出行业标准的大量的应收账款往往意味着企业销售出现异常，这种异常可能是向渠道压货，可能是竞争形势恶化，甚至可能是收入造假所致。只有与收入增幅相当的应收账款才可能是合理和真实的。

3、固定资产无残损，停用少

固定资产是否真实、是否闲置、是否低品质也影响到公司的整体资产质量。

五、公司拥有良好真实的现金流

1. 经营活动现金流与收入有合理相关关系

前面多次分析，此处不再赘述。

2. 负的经营活动现金流有合理解释

正常情况下，好公司的经营活动现金流应该为正，这标志着公司拥有较好的造血能力。但很多时候经营活动现金流也可能为负，如果没有合理解释，通常意味着盈利情况较差。

3. 投融资活动现金流与公司经营战略吻合

投融资活动同经营活动有所不同，常常揭示了公司的战略方向，如果对外宣布的公司战略同实际表现出来的投融资活动不相吻合，那么就要小心了，要么公司的战略是虚的，要么公司在造假。

六、公司税务事项处理合理合法

能够按照税法规定处理涉税事项，税种、税率合法合规，交税规范，无偷税漏税。

七、公司无重大财务风险

1. 有无担保诉讼、大股东占款等

现在很容易能够查到公司的法律风险和诉讼情况，如果一家公司诉讼满身，欠债累累，那么结论自然是很明显了。

2. 内部控制机制健全

这个问题较为复杂，对于上市公司来讲能够拿到一些内控的资料，但对于非上市公司，除非进行尽职调查，否则难以拿到内部控制的相关资料，但如果可能，也需要关注这方面数据和资料。

通过财务数据判断公司优劣的六步法清单

很多时候投资人需要在短时间判断一家公司的好坏，很多经营者也需要定期对于经营行为进行检讨，寻找问题。除了行业分析、团队分析、企业资源分析等，最重要的当然是财务数据分析。作为非财务专业的投资人和决策者，如何在最短时间通过财务数据判断一家公司的好坏？我们给出一个最简洁的六步法清单。

一、盈利能力分析

（1）销售利润比率指标通常表达盈利能力的高低。

销售利润率 = 当年净利润/当年销售收入

（2）通过毛利率可以很简洁地找到企业的经营利润空间。毛利很低的企业通常盈利能力很差。

毛利率 = 毛利/当年销售收入

毛利 = 销售收入 – 成本

（3）关注利润中多少是来自主营业务，多少来自其他业务，多少来自投资收益，尤其是投资收益中的特殊情况。通常情况下，依靠主营业务获取稳定利润才是王道。

（4）多年的销售数据比对和盈利能力指标比对能够帮助你更好地了解企业盈利能力变化趋势。通常是至少三年数据。

二、资产使用效率分析

如果说盈利能力代表企业能不能赚到钱，资产使用效率就代表企业经营者会不会做生意，代表整个团队的经营能力高低。

（1）资产使用效率的最重要指标是资产周转效率。

资产周转率 = 销售收入/平均资产总额

其中平均资产总额 = （年初资产总额 + 年末资产总额）/2

通常情况下，总资产周转速度越快代表企业运营效率越高。

（2）资产使用效率不高很可能是多个原因造成，比如：存货周转速度慢、应收账款周转影响或者固定资产周转影响等。

存货周转率 = 营业成本/平均存货

应收账款周转率 = 营业收入/平均应收账款

固定资产周转率 = 营业收入/平均固定资产

这个更加深入的分析向投资人展示在企业的运营能力方面，哪个部分在拖后腿，哪个部分还不错。

（3）这个部分依然需要三年的数据进行比较和验证。

三、财务杠杆分析

（1）对于企业股东而言，能够利用借款发展是一件幸福的事情。当然前提是利率低于利润率。

财务杠杆 = 总资产/股东权益

这个指标过高，表明企业风险大，这个指标过低，表明企业经营过于保守。

（2）财务杠杆的背后还有一些其他辅助指标：

负债比率 = 总负债/总资产

流动比率 = 流动资产/流动负债

速动比率 = 速动资产/流动负债

速动资产大致等于流动资产减去存货的数字。这三个指标更多的表达经营中的债务风险，如何在杠杆利用与风险防范中找到一个平衡，是众多企业努力的关键。

四、综合杜邦分析

（1）将盈利能力分析、经营能力分析和财务杠杆分析综合起来，就是杜邦分析的关键：净资产收益率。

净资产收益率 = 净利润/平均净资产

净资产收益率 = 销售利润率 × 总资产周转率 × 财务杠杆比率

（2）这里的关键是在综合情况下做两个比较：

第一是比较企业净资产收益率的高低；第二是找到在企业净资产收益率高低的背后，哪个因素的贡献最大，哪个因素还有提升空间。

五、资产质量、收入真实度和利润质量是三个关键判断要点

（1）资产质量的关键点有两个：

——变现速度；

——重资产引发的固定资产比例较高的风险；

——是否将应计入费用的强行计入资产。

（2）收入真实度关键点：

——是否有不同年度的异常波动；

——是否存在收入增加同时应收账款增加比例异常；

——是否存在经营以外的巨额其他特殊收入，如投资收益。

（3）利润质量关键点：

——影响利润的因素中成本更重要还是费用比例更大；

——投资收益在利润中的支持力度有多大；

——利润是否存在异常波动。

六、行业分析要搞清

不同行业的指标会有很大差异，包括资产构成、利润比率、周转速度和负债率，因此不能简单将不同行业和商业模式的企业放在一起横向比较。理解行业特点，并在行业范围内进行比较是行之有效的方法。

（1）行业特点分析：

重点是分析整个行业基本数据，建议找到行业最优企业和行业中位数进行比较，找准企业的定位。

（2）商业模式特点分析：

即使在一个行业中，商业模式的不同也会影响到财务数据的结果和特点，我们一定不能脱离商业模式，要在把握商业模式的基础上看待所得到的数据，并能将数据和商业模式对应起来，找到连接点和因果关系。

财务数据虽然是企业分析的最重要手段，但财务数据并不是所有判断的全部，但往往在选择和判断的时候，财务数据的判断会成为最头疼的因素。上面的六步法仅仅是一个粗浅的框架，具体运用中仍将存在很多问题和困惑，但这个清单希望能作为工作的有效思路和应用工具。

中小企业有效内部控制的工作清单

第一，内部控制，是指企业中设定了目标，如何确保公司运营能够在目标允许的范围内推进，不会偏差和失衡。公司安全是内部控制的底线，经营目标是内部控制的方向。

第二，中小企业通常人员较少，工作规范程度不够，但越是这样，内部控制的意义和价值就越大。对中小企业而言，内部控制的目标是合理保证企业经营管理合法合规、资金资产安全和财务报告信息真实完整可靠。

第三，中小企业内部控制应当重点关注九大管理领域：

（1）资金管理；

（2）重要资产管理（包括核心技术）；

（3）债务与担保业务管理；

（4）税费管理；

（5）成本费用管理；

（6）合同管理；

（7）重要客户和供应商管理；

（8）关键岗位人员管理；

（9）信息技术管理。

第四，中小企业内部控制有五大有效措施。

（1）不相容岗位设置。

确保不相容岗位由不同的人员担任，如采购与库管要分开、会计与出纳要分开、审批与执行要分开等。

（2）内部授权审批控制。

要求企业明确各部门、各岗位办理业务和事项的权限范围、审批程序和相关责任；责权明确，利益才能服众。

（3）会计控制。

要求企业财务核算规范合理，真实反馈企业经营活动，并能向决策者提供必要的决策数据和信息。

（4）财产保护控制。

要求企业建立财产日常管理和定期清查制度，采取财产记录、实物保管、定期盘点、账实核对等措施，确保财产安全完整。

（5）单据控制。

要求企业明确各种业务和事项所涉及的表单和票据，并按照规定填制、审核、归档和保管各类单据。这里的单据不仅仅是财务单据，而是生产经营流程中所有关键环节的重要单据和证据。

第六，谁来负责实施内部控制是一个关键，如果条件许可，尽量设置专门的内控人员，同公司管理者一起实施上述内控行为，同时又能相互监督、相互制衡。

住宅与商铺成本究竟是一样还是不一样

房地产企业的成本核算类别多，历时长，情况复杂，加之成本的核算与结转对于各个税种影响巨大，成本核算成为企业财税管理中的难点和焦点问题。

房地产企业成本核算包括成本对象设置、成本的归集核算、完工标准的确认、共同成本的分摊以及成本的结转等多个重要环节。本节介绍其中较为复杂的成本分摊技巧。

实务中，很多企业财务人员也对于不同产品的成本分割表示困惑，比如：住宅和商铺成本究竟是否一样？该不该一样？我们的第一感觉首先是不应该一样。但如何才能体现出不同？这种不同对于财税结果的价值何在？

一、会计上对于成本分摊的描述

《企业产品成本核算制度》第三十四条对于这个问题做了原则表述：企业所发生的费用，能确定由某一成本核算对象负担的，应当按照所对应的产品成本项目类别，直接计入产品成本核算对象的生产成本；由几个成本核算对象共同负担的，应当选择合理的分配标准分配计入。按照这一条的原则，我们可以将成本分为两类：一类是直接成本，能够确定由哪个成本对象承担；一类是间接成本，由几个成本对象共同承担。具体处理原则如下：

成本类型	判断标准	处理原则
直接成本	一个成本对象承担	直接计入该成本对象成本
共同成本	多个成本对象承担	在多个成本对象间进行分摊

依然回到住宅和商铺的例子，我们从成本的几个主要方面来看看这种分类如何实施。

1. 土地成本

在大多数招拍挂当中，整个项目的土地表现为一个整体，在单独的一块土地上可能既有商业，又有住宅，但土地出让合同中如果无法准确区分商业土地和住宅土地的出让金价款，那么土地成本将成为共同成本，需要按照一定的方法分摊。由于所得税中规定了土地成本的分摊应当按照占地面积法，因此实务中企业会计处理也基本采用此种方法，避免会计和所得税差异。占地面积法具体方法略。

2. 前期工程费

虽然是一个较为庞杂的科目，但基本都是为整个项目服务，因此应属于共同成本，分摊的方法在企业所得税中无明确限制，实务中基本采用建筑面积法进行分摊。

3. 建安工程费

这个科目是整个开发成本的核心，无论从重要性还是数据占比。建安工程费包括建筑、安装和装饰三大类。每种成本究竟属于直接成本还是共同成本需要区别对待。

先来说建筑，作为建安工程费中最重要的内容，建筑通常由总包方统一实施，最终出具决算报告。对于住宅和商业分别应当对应多少成本，决算报告中一般不会准确区分。如果是这样，则是共同成本需要在住宅和商业中分摊，分摊的方法仍然采用建筑面积法的话，住宅和商业的建筑成本变成一样的。这同我们的观感是矛盾的。在两种产品的设计上，最大的区别在于层高，商铺的层高通常超过 4 米，而住宅的层高通常不高于 3 米，层高的巨大差异意味着两种产品的建筑成本应该不同，但分摊方法无法解决这个问题。唯一的办法是要求决算报告中进行区分，这样的话建筑成本可以明确到每一个成本对象，自然从共同成本变成了直接成本。

在安装和装饰工程中，由于产品属性不同、功能各异，安装和装饰也同样具有一定的差异性，有些成本只为单一产品发生，自然就应该是直接成本。典型的如外立面装饰，住宅通常采用涂料处理，商铺通常使用干挂石材，而写字楼标配通常是玻璃幕墙，那么对这些成本直接计入对应产品也就顺理成章。

因此，建安工程费不能一概而论，应根据各部分成本明细内容进行分析，区别对待，精细核算。

4. 基础设施建造费

基础设施主要是社区管网工程费和园林绿化环境工程费，都属于为整个项目服务，因此应为共同成本，按照一定的方法（基本为建筑面积法）进行分摊。

5. 公共配套设施费

公共配套设施为整个项目服务，也应定义为共同成本。所得税明确要求按照建筑面积法进行分摊，会计处理趋同即可。

这个部分成本的关键在于是否需要将会所、幼儿园、物业用房等配套作为成本对象，先单独归集再做二次分摊。我们的建议是应当按照完整的程序进行上述操作，不能偷懒直接进行一次分摊，因为可能涉及占地面积和建筑面积两种方法带来的成本差异。

6. 开发间接费

开发间接费是成本中最为复杂和琐碎的核算科目，但从成本类别上看比较简单，属于共同成本，通常按照一定的方法进行分摊（基本上也采用建筑面积法）。

不同的地方在于资本化的利息，如果放在开发间接费当中，分摊方法严格来讲有点不同。所得税对于房地产企业开发成本中的资本化利息分摊原则进行了特殊规定，要求采用预算成本法或者实际成本法。实务中很多企业并未按照这个方法处理，直接将整个开发间接费合并按照建筑面积法处理，由于在所得税中的差异较小，一般税务机关并未做过多的关注。

二、成本不同分摊思路对税的影响

所有成本作为共同成本按照一种方法进行平均分摊，当然最简单，但可能会对税产生麻烦，我们来分析一下：

1. 成本分摊对增值税的影响

如果假设所有的产品都对外销售的话，不考虑出现个别产品进项税转出的情况，那么成本分摊对增值税没有影响，无论销售还是自持，成本对应的所有的进项均可以抵扣，划分给谁都无不同。

2. 成本分摊对所得税的影响

成本分摊对所得税当然是有影响的，但这种影响表现在时间差异和产品用途差异两个层面。

（1）销售时间差异。

成本分摊给住宅还是商铺，如果均同时销售完成，则不会影响当期所得税。但考虑到不同业态产品的销售周期差异，所得税对成本分摊的关注也成为必然。

（2）产品用途差异。

销售的产品，成本同期结转可以在所得税前扣除；而自持的产品形成资产，成本需要计提折旧分期在所得税前扣除。不同产品类型的处理自然应当考虑成本分摊的所得税差异。

3. 成本分摊对土地增值税的影响

土地增值税清算中，住宅和商铺是分开计算增值额、增值率和增值税的，这才是成本分摊最大的影响之处。简单粗暴的平均分摊法带来的直接结果就是商铺成本的不合理降低，导致商铺土地增值税的多交。而精细化核算所强调的合理分摊会将各自产品成本较为真实和合理的核算，最终商铺销售价格高，成本也应当高，土地增值税清算会建立在这个基础上实施，较为合理公平。

| 总结 |

（1）房地产企业成本分为两种：直接成本和共同成本。核算和分摊的思路完全不同。

（2）在开发成本各项目中准确区分直接成本和共同成本，并提供相对应的证据说明你的划分合理是对房企财务人员的一大考验。

（3）这种精细化的成本分摊核算对于所得税和土地增值税的影响同时存在，但致命的影响还是发生在土地增值税清算中。

资金寒冬的风险警示：关注你的现金转换周期

作为企业，如何应对资金寒冬，除了加强融资、持有现金，更重要的是在经营中降低运营资本压力，加快现金周转速度。

一、什么是运营资本

运营资本是指企业的流动资产总额减去各类流动负债后的余额，也称净营运资本，简单来说就是下面的公式：

运营资本 = 企业流动资产 - 流动负债

= （应收账款 + 存货 + 预付账款） - （预收账款 + 应付账款）

除了固定资产等大的投入以外，企业的资金消耗主要是用在运营资本上，因此现金周转速度的分析当然是从运营资本开始。

二、五大周转率指标

既然影响现金使用的主要是应收账款、存货、预付账款、预收账款和应付账款五个方面，那么对现金使用效率的分析也自然有了五大周转率指标。

（1）应收账款周转率 = 销售额/应收账款平均数

（2）存货周转率 = 销售额/存货平均数

（3）预付账款周转率 = 销售额/预付账款平均数

（4）应付账款周转率 = 销售额/应付账款平均数

（5）预收账款周转率 = 销售额/预收账款周转率

这些指标意味着每一年度相对于销售收入，应收账款、存货、预付账款、预收账款和应付账款分别周转几次。有了这五个指标的比较，我们能够看出在企业的资金使用中哪个方面影响最大，而且这种影响是正面的还是负面的。

案例：某企业 2017 年相关运营资本指标如下：

2017 年销售收入：1 亿元	
应收账款：3000 万元 存货：2000 万元 预付账款：500 万元 小计：5500 万元	应付账款：1500 万元 预收账款：200 万元 小计：1700 万元

运营资本 = 5500 万元 － 1700 万元 = 3800 万元

应收账款周转率 = 10000/3000 = 3.33

存货周转率 = 10000/2000 = 5

预付账款周转率 = 10000/500 = 20

应付账款周转率 = 10000/1500 = 6.67

预收账款周转率 = 10000/200 = 50

三、现金转换周期的测算

我们将周转率转化为资金周转天数，可以得到下面的数字：

周转率（次数）	周转天数
应收账款周转率：3.33	365/3.33 = 109.6 天
存货周转率：5	365/5 = 73 天

续表

周转率（次数）	周转天数
预付账款周转率：20	365/20 = 18.25 天
应付账款周转率：6.67	365/6.67 = 54.72 天
预收账款周转率：50	365/50 = 7.3 天

现金转换周期（CCC）

= 应收账款周转天数 + 存货周转天数 + 预付账款周转天数 - 应付账款周转天数 - 预收账款周转天数

= 109.6 + 73 + 18.25 - 54.72 - 7.3 = 138.83 天

这个数字意味着什么？

（1）可以进行横向和纵向比较。

比如 2016 年上市公司现金转换周期的中位数为 95 天，那么这个数字就偏大，当然不同行业的现金转换周期是有巨大差距的，此处不再深入。

（2）可以计算出资金占用的机会成本。

我们假定该公司资金成本为 10%，1 亿元销售收入对应的每天资本成本为：

1 亿元 × 10%/365 = 2.74 万元

2.74 万元 × 138.83 天 = 380.40 万元

这意味着，运营资本的资金机会成本为 380 万元，如果能够让现金转换周期缩短一天，则可以为公司节省 2.74 万元资金成本。而这个成本往往在公司的财务报表中并未体现，这就是现金转换周期的分析价值所在。

| 建议 |

测一测你们公司的现金转换周期吧，相信对于经营中的资金耗用，你会有完全不同的感受和思路。苦练内功，降低现金转换周期，才是迎接资金寒冬的有效途径。

04

财税筹划篇

换个思路柳暗花明

筹划是合法底线基础上基于业务模式的合理安排，
合法、合理、基于业务是筹划的
三个本质特点。

房地产项目纳税筹划整体思路分析

房地产企业是处在一个非常特殊的行业，整个经营围绕着项目推进和实施，整个纳税管理及税收筹划也必须围绕项目进行。现将项目纳税筹划整体思路进行分析，希望起到抛砖引玉的作用。

一、纳税管理和税收筹划的基本原则与底线

房地产企业纳税管理和筹划的基本原则是合法、合理，所有的思路与方案不能违背税法和相关法律规定，同时所有思路和方案必须紧扣经营活动，具备经营上的合理性，不能自圆其说的思路和方案没有任何价值。

我们提炼出房地产项目纳税管理和筹划的五大类关键节点：设计阶段的关键节点、预算阶段的关键节点、核算阶段的关键节点、完工标准的关键节点以及工程管理的关键节点。

二、设计阶段的关键节点

根据土地增值税规定，普通住宅在土增清算中增值率不超过20%的情况下，可以享受免征土地增值税优惠政策，在整体销售收入中洋房占到45%，那么在设计阶段，界定清晰普通住宅和其他商品房的界限，可以在

后期努力争取享受普通住宅优惠。

三、预算阶段的关键节点

房地产项目管理的核心是预算管理，纳税管理也不例外。由于房地产项目交税分为完工前和完工后两大阶段，交税模式完全不同，因此必须在开始就预估最终完工后的结果。具体实施节点如下。

1. 做好初步测算

根据实际情况，结合成本造价情况、收入预估情况做出初步预算，对于未来项目的最终税负情况和利润情况进行尽可能详尽的测算，发现问题，做到心中有数。

2. 针对问题进行调整

找到预算中发现的问题，前期可以调整的马上调整，需要后期逐步实施的也要做好计划，尽量事前做好筹划，切忌事后生硬调整。

3. 实施过程动态管理

预算不是死的，是一个动态管理过程，预算实施中根据实际情况的变动，如销售收入和价格变化、成本情况变动、费用情况变动等进行动态调整，确保在预算指导下实现财务的风险可控、纳税的节奏可控，从而实施项目管理和纳税管理。

四、核算阶段的关键节点

核算是整个纳税管理和筹划的最关键节点，也是风险管理的最关键阶段，具体可以考虑以下思路。

1. 财务核算框架的规范完善

依据会计和税法要求搭建财务核算框架，规范核算制度和流程，确保财务能够将风险消化在日常工作中。

2. 成本证据链条的规范完善

税务机关看待企业，无法追溯到事件发生当期，只能依据企业财务的证据链条进行判断，以成本为例：

——合同签署要关注主体、标的、发票、报价、违约、时间等涉税条款的风险；

——支付款项要关注三流合一规范要求和时间节点的风险控制；

——发票取得应关注发票类型、取得时间、真假甄别；

——进度验收应关注相关验收资料、各方签字、审批流程；

——决算报告应关注同合同的关联，增量的合理性。

3. 成本分摊的技巧与筹划

不同业态之间成本如果平均分配，容易导致土地增值税的多交，如果在普通住宅和其他商品房之间进行合理分配，会有效降低土地增值税税负。

五、完工标准的关键节点

完工节点是房地产项目交税的分水岭，完工前基本是预征，完工后将面临清算，税务机关对于完工的把握非常敏感，企业常常出现失误。

我们的建议是，在合法合理的情况下，尽量将完工标准有效推迟，为企业成本核算和票据获得留足时间，避免在准备不足情况下面临税务机关清算。比如，竣工验收和交房的时间节点尽量不要放在年末，年初一定优于年末。

六、工程管理的关键节点

成本是房地产企业税负最重要的影响因素，在收入不变的情况下，成本同时影响增值税、土地增值税和企业所得税的缴纳。做好成本控制的核心是把握成本均衡管理，如何确保成本、收入的平衡是关键，这一点需要前面所述的预算管理来配合，甚至需要对应的关联公司来配合，具体实施力度和效果根据企业具体情况而定。

| 结论 |

每家公司具体项目情况、内部管理情况、公司决策层想法和详细数据均不同，但纳税筹划的思路大同小异，上述内容仅做抛砖引玉，希望能帮助财务人员理清思路，面对税收筹划胸有成竹。

房地产项目土地增值税筹划重要决策点

一、拿地阶段

1. 招拍挂（净地）方式

（1）土地招拍挂模式下，企业取得《国有土地使用权出让协议》、出让金票据入账。

（2）如果是净地出让，通常不应发生额外的拆迁补偿和安置费用。

（3）母公司签署招拍挂协议后子公司开发的，必须具备财税 2016 年 140 号文件所说的三个条件：房地产开发企业（包括多个房地产开发企业组成的联合体）受让土地向政府部门支付土地价款后，设立项目公司对该受让土地进行开发，同时符合下列条件的，可由项目公司按规定扣除房地产开发企业向政府部门支付的土地价款。

——房地产开发企业、项目公司、政府部门三方签订变更协议或补充合同，将土地受让人变更为项目公司；

——政府部门出让土地的用途、规划等条件不变的情况下，签署变更协议或补充合同时，土地价款总额不变；

——项目公司的全部股权由受让土地的房地产开发企业持有。

2. 旧城改造模式

（1）拆迁补偿安置费用确认扣除是一个核心问题，关注补偿协议、付款凭据、收款收据（花名册）、评估报告、政府相关文件等关键证据链之间的协调统一；

（2）关注不同旧城改造模式的差异，尤其是安置房土地在谁名下、安置房土地是划拨土地还是出让土地等关键因素；

（3）投资主体和开发主体不一致的情况下，安置拆迁成本发生在投资主体，但开发主体取得了土地实施开发，这部分成本如何合理入账需要预先设计。

3. 从其他企业取得土地

这属于典型的土地使用权转让，关注以下几点：

（1）直接转让模式、投资模式需要取得增值税发票；分立模式、合并模式不需要取得增值税发票，通常原值入账。

（2）房地产开发企业转让土地使用权，需要关注投资额是否达到25%，否则通常无法过户。

4. 通过股权转让取得项目公司土地

（1）股权转让方式表面看不需要土地过户，不需要缴纳增值税、土地增值税、企业所得税和契税，只需要缴纳股东转让股权的所得税，但实际上股权转让的溢价无法转化为土地成本，从而将税负压力转嫁给接手公司的一方。

（2）股权转让方如为自然人，需要关注个税代扣代缴问题。

（3）收购中的尽职调查非常关键，最大限度发现公司风险，找到解决方法。

5. 通过司法程序拍卖取得土地

如果由于债权债务原因进入诉讼程序，最终常常通过司法程序拍卖取得土地。但需要关注两个问题：

（1）司法和拍卖手续不能替代增值税发票，土地过户必须缴纳增值税、土地增值税和所得税；

（2）关注协议中是否有包税条款，尽量不要以包税方式实施，负担沉重且风险极大。

二、规划设计阶段

1. 普通住宅与非普通住宅

土地增值税清算对于普通住宅有优惠政策，只要增值率未达到20%免征土地增值税，规划设计阶段要关注普通住宅的面积、容积率设计，避免跨界。

2. 容积率与车位

车位属于地下还是地上，地下的属于人防车位还是普通车位，是否有独立产权，是否在计容面积内，这些都会影响到未来的土增清算。

3. 公共配套设施

会所、幼儿园、学校、社区用房、物业用房等公共配套设施在初始设计中是否性质明确，是否有独立产权，是否对外转让，会影响未来土增清算的扣除项目。

三、开发过程与工程管理

1. 施工单位关联关系

施工成本是土增扣除的重要构成，施工单位是否是关联单位会影响到未来甲乙双方的工程管理模式设计、双方的付款与发票沟通、双方的决算与竣工验收沟通，这些都会影响土增扣除项目。

2. 成本分摊问题

土增清算通常分为普通住宅、非普通住宅和其他商品房三类，在总成本不变的情况下，三类清算对象之间如何划分成本成为非常关键的影响因素。究竟采用建筑面积法还是占地面积法？直接成本与共同成本是否能够准确分开？住宅与底商的层高系数法能否得到当地税务机关的认可？这些都是最重要的影响因素，必须从项目开始就进行设计和安排，并根据施工进度取得相关证据。

3. 开发分期

（1）如何判断分期？

土地增值税清算要求按照项目清算，如果项目分期，也要分期清算。但对于分期的界定，各地说法不一，立项、建设规划许可证、施工许可证甚至预售许可证都可能成为判断分期的依据和标志，界定不清必然容易引发争议，带来风险。

（2）已经分期能否争取合并清算？

由于税务机关在土增清算实施过程中并未做到一刀切，很多企业项目分期实施过程中已经完成的分期部分并未实际清算，能否争取最终合并清算，合并与分开哪个更划算，这些都是必须测算清楚的关键决策点。

（3）分期中的先后建设。

分期设计的另外一个问题是分期中公共配套设施的修建时间问题，尤其是公共配套计划在后面分期建设时，需要关注给土增清算带来的风险，如果税务机关要求严格按照分期清算，第一期中将无法扣除未建设公共配套设施的成本。

4. 成本与费用的转化

成本和费用对于土地增值税的意义不同，成本可以同时影响土地增值税和企业所得税，而费用只能影响企业所得税，因此通过预先设计将成本费用合理筹划是有价值的。这个部分的重点在于开发间接费，由于管理费用常常难以区分，成为土增清算的争议点，如何将人、资产和时间三个关键要素界定清楚，必须预先设计。

5. 成本发票及时取得

土地增值税清算对于成本部分要求十分严格，所得税扣除还允许单项合同10%预提，土地增值税必须要求全部取得发票，而且还要求发票、资金流和合同的一致性。因此在成本发票的及时取得上需要特别关注，避免达到清算条件、发票不全影响清算的情况。

四、销售管理阶段

1. 定价决策

（1）商品房定价的临界点设计。

这里的临界点主要针对普通住宅，其他业态不存在临界点问题；普通住宅的20%增值率是否突破需要预先测算，从定价和成本两方面预先设计。

（2）价格分解设计。

价格分解看起来可以将收入降低，但需要特别警惕，人为的强行分解价格常见的比如房款+装修款分解法、商铺售后回租强行冲减收入等，无论哪一种分解收入的方法都可能引发税务机关的关注，并且会对于价格进行比对。

（3）关联方交易中的定价设计。

在某些时候，可能需要将商品房转移到关联方名下，这个时候问题的关键就是定价设计问题。如何设定合理的价格是需要预先设计和准备的。

2. 自持和销售

土地增值税清算只针对已销售部分商品房，如果存在自持部分必然降低整体税负，但哪些自持、是否自持、未来如何设计，又是企业需要仔细测算的。

3. 土增清算是否进行尾盘清理

土增清算时，常常有一部分商品房暂未销售，如果不纳入清算，待清算完成后转让会不会增加税负？这是一个普遍存在的问题，需要财务进行详细测算，如果希望纳入清算，必须将该部分商品房销售给关联方，未来通过关联方再次转让，是否能够得到税收优化是不确定的，必须根据项目的实际情况测算方能决策。

4. 车位（配套地下）处理

大多数商品房的地下车位属于不可售面积，也无独立产权，但实务中多半对外转让，这里究竟应该按照出租还是转让使用权签署协议，究竟应该按照租赁还是转让不动产参与清算？实务中争议颇大，需要企业提前预先设计。

5. 已销售房屋付款方式

所得税的纳税义务发生时间基本原则是权责发生制，如果商品房是分期收款模式，通常也是以分期时间节点作为确认纳税义务的时间节点。但土地增值税清算完全不同，采用了严厉的统计口径，只要在清算时候签署了销售合同，必须按照合同总价款计算收入纳入清算。这是在清算前需要在统计口径上特别注意的。

五、完工和交房阶段

1. 土地增值税清算条件

土地增值税清算条件可以分为两类，对于企业真正有影响的主要是强制清算条件，其中两个标准需要注意：

第一是项目竣工验收且销售超过85%（如果自持应从分母中去掉）；

第二是项目预售许可证取得满三年。

2. 竣工验收与交房

竣工验收应该是会计完工的重要标志，同样是所得税和土增清算中的重要标志，但实务中常常出现交房早于竣工验收情况，很多地方税务机关也将交房作为项目完工标志，甚至很多地方直接将土增中的竣工验收也理解为交房。这里需要特别注意，竣工验收时点、交房时点都不容忽视。

后范冰冰时代税收筹划到底还敢不敢做

范冰冰“阴阳合同”事件最终补税、罚款、滞纳金接近9亿元的处理结果令人咂舌，但我关注的是范冰冰案中隐藏的另一条重要线索：税收筹划。从公布的信息来看，偷逃税款的手段大概有以下几种：

第一种：个人分拆合同法。

即所谓阴阳合同，典型的就是案例中的片酬3000万元，只申报1000万元，其余2000万元以拆分合同方式偷逃个人所得税618万元，少缴营业税及附加112万元，合计730万元。

第二种：转换收入法。

因为不同收入性质涉及的税负是不同的，即使是个人所得税，也存在工资薪金、劳务报酬、经营所得等不同类型收入，如果能够在不同收入中进行调整，自然可以降低税负。案例中提到“对利用工作室账户隐匿个人报酬的真实性质偷逃税款处3倍罚款计2.39亿元”，那么意思很明显，片酬本来属于个人劳务报酬所得，通过工作室（一般是个体工商户或个人独资企业）转化为经营所得，最终是为了享受无锡当地针对经营所得的税收优惠政策。

第三种：少记收入法。

这个不用多说，案例中“对其担任法定代表人的企业少计收入偷逃税款处1倍罚款计94.6万元”，就是直接将应计入收入的部分未计少计。从这里描述来看，少交税款只有不到50万元，应属于无意或者疏忽，但在检查中被坐实。

很多专家从范冰冰案的处理结果得出结论：税收筹划不能再搞了！站在税务机关角度，所有的筹划都是偷税！

税收筹划真的就要同偷逃税款画等号吗？我还是有话要说：

（1）税收筹划同偷逃税款的本质区别在于合法性，不能突破法律底线自然是所有税收筹划的基础。

（2）由于税法本身的法制建设程度不够，企业实务中依靠的大多数依然是税务机关的内部规定和文件，并未完全形成完善的法律体系。这无疑加大了税收筹划的法律风险，但并不意味着筹划不再可行。

（3）多年来，税收筹划领域鱼龙混杂，泥沙俱下，很多人所宣称的筹划方案本身就是有问题的，未来这部分无底线、非专业的筹划专家可以休矣。

（4）税收筹划手段归根到底只有两类：商业模式的调整和税收优惠政策的运用。商业模式的调整主要是通过预先调整交易性质、交易结构来改变经营行为，从而改变税的结果，这个过程中常常又会用到税收优惠政策，包括行业优惠和区域优惠。

（5）税收筹划无论运用哪种手段，都会涉及交易的设计，设计过程中一定要切记三大原则：真实性原则、合理性原则和相关性原则。

真实性原则就是必须有真实的交易行为或者业务行为。虚构业务、虚构交易必然突破法律底线；虚开增值税发票为何重罚，就是因为没有真实交易，纯粹虚构业务。

合理性原则就是在交易设计中特别要关注业务的合理性和价格的合理

性，从行业特点来看这笔交易是否有存在的意义，虽然看起来真实存在但是否合理？还有虽然交易本身没有问题，但定价是否明显偏高或偏低？是否有通过价格转移利润的嫌疑？实务中需要特别予以关注。

相关性原则就是交易同企业的业务开展有没有关系，如果完全没有关系，比如购买古董字画希望达到避税效果就是无稽之谈，原因很简单，同公司经营没有直接关系，这些支出无法同经营结果构成因果关系。

范冰冰案给所有企业敲了警钟，也给所有财税从业人员敲了警钟，对税收筹划这个领域也客观上起到拨乱反正、正本清源的作用。每个企业、每个老板都需要重新界定自己在经营中的底线，底线与敬畏是我们最终能走多远的最后保障。

霍尔果斯的消亡

——中国允许有真正的避税地存在吗

谈到中国避税地，霍尔果斯是谈论的热点，五免五减半的所得税优惠政策、增值税和个人所得税的高额返还政策，吸引了全国各地的公司，尤其是影视行业。最终在霍尔果斯的避税地之上催生的是什么样的公司呢？

一、无经营场所，一个小办公室可以注册近千家公司；

二、无固定办公人员；

三、开票数额巨大，很多公司年开票额上亿元；

四、利润率奇高，50%净利润司空见惯，甚至超过90%净利润。

范冰冰事件为公众掀起了明星避税的帷幕一角，但实际上早在2018年元月份，政府部门和税务机关已经关注霍尔果斯现象：

——2018年1月，霍尔果斯出台通知，要求规范和整顿企业注册行为，暂停为不符合要求的企业办理注册手续。同时暂停返还增值税和个人所得税。

——2018年3月，财政部牵头部署专项稽查，财税部门还提出要对现行优惠政策进行论证，包括收紧优惠产业目录、依法依规查处中介机构等措施。要求“做实”当地注册的企业。

——2018年4月11日起，新疆维吾尔自治区工商局暂停霍尔果斯和喀什“一址多照”政策。

——2018年4月3日，霍尔果斯国税发布公告，发现有公司2017企业利润占营业收入比重超过50%，明显偏高，要求这类企业进行税务自查。

——2018年4月12—15日，霍尔果斯国税通知所有享受过企业所得税减免的企业（4000家左右），要来霍尔果斯现场进行汇算清缴的辅导工作，实际上是检查企业是否符合政策要求。

众多上市公司也牵涉其中，典型的如唐德影视、正午阳光影视、印纪传媒、艾格拉斯、乐禧文化等影视行业巨头，甚至还涉及威创股份这样的幼儿教育行业公司，关注的重点就是：

诸位在霍尔果斯一无人员，二无办公地点，为什么每年收入那么高？而且收入里面的利润超过50%？

问题的关键在于企业有无将利润从内地公司转移到霍尔果斯公司。站在企业角度，转移利润的方法基本一致：要么高估品牌、著作权、版权等无形资产；要么通过提供虚假服务将利润转移。而这正是本次税收检查的重点。

这一轮工商和税收动作的关键就在于清理空壳公司，堵上避税漏洞。霍尔果斯对愿意继续留下来的企业提出了更高的要求：必须有自己的办公场所，必须有正常缴纳社保的常驻人员，当地税务机关也要求根据实地经营情况，如实地办公面积、实际办公员工人数、社保缴纳人员人数的不同，制定不同档位的批票标准。

对霍尔果斯而言，希望从避税地到实体经济的转型是痛苦的，甚至未来能不能成功还需拭目以待。我们其实更需要思考一个问题：政府允许在中国内地范围内出现一个无门槛、无条件的避税地或者税收天堂吗？答案已经显而易见，霍尔果斯的尝试短暂而痛苦，对于众多企业而言，税收优惠的享受仍将是永远的税筹话题，但关键在于如何享受、如何设计、如何落地。对于未来，我们有几点预判仅供参考：

（1）霍尔果斯的转折将在国内所有的税收优惠地重演，各地关于税收优惠的享受条件均将提升，无注册地、无人员、无真实业务的强行避税策略不会有市场；这给企业的税收筹划设计提出了更高的要求。所有的业务架构搭建必须具备真实性、合理性和相关性。

（2）对于较小的特殊类型企业，如合伙企业、特殊行业企业和个人独资企业，核定征收等类税收优惠政策可能仍将持续一段时间，根据具体业务不同可能成为税筹亮点。

（3）利用国际避税港避税一直以来是各国政府监管的重点，中国税务机关也在持续加强这方面的监管力度，但对于业务越过国界的企业而言，国际避税港仍是一个重要避税环节。

05

内部沟通篇

最易忽视的内部财税沟通

领导者与财务人员的沟通品质决定着企业的
财税管理品质，遗憾的是，
很多领导者的沟通都是错的。

财务来自水星，老板来自火星

——财务与老板的相处之道

一直以来就想谈谈财务和老板的相处之道。由于从事财税咨询工作的缘故，同财务人员和老板都有颇多交流，发现很多时候老板和财务好像完全不在一个频道，就好像男人女人一样，如果财务来自水星，老板就来自火星。

我们在实务中观察到了三个现象：

（1）很多企业中，老板和财务相互都有怨言，财务对老板的评价通常是不懂财税、风险意识不强、不支持财务工作等；老板对财务的评价通常是专业水平不够、协作能力不强、干事没有魄力等。

（2）企业中老板和财务关系如何直接影响到财务同其他业务部门的关系。

（3）凡老板同财务相处较为顺畅的公司，财税管理风险通常较低，反之亦然。

财务与老板的关系一定是双方互动的结果，但在这个互动中，来自水星的财务人员首先要积极主动，改变财务沉闷、封闭、谨小慎微的传统定位，这样才能赢得来自火星的老板的青睐和认可。尽管企业不同，财务和老板性格各异，但在双方的相处之道中，还是有一些关键的点特别建议财务人员关注。

一、财务和老板双方对财务工作的定位问题

世上的爱情悲剧多源于双方的期望值不同，站在管理学角度就是个定位问题。在老板心中对于财务工作其实是有一个定位的，暂且不论这个定位科学与否，在企业中财务能满足他的期望和定位就是好财务。当然，财务人员对于自身工作也是有个定位的，双方在定位的范围和层次上如果基本相差不大，合作起来就比较顺手，否则一定是个悲剧。比如老板认为财务将核算和报税做好就行，其他事情不用你管，也不喜欢财务和其他部门多做交流，而财务认为工作重点应该放在内控、预算和筹划上，双方定位的不搭就会让相处出现问题；反过来，财务只希望做好会计工作，而老板对财务期望值很高，同样是相处艰难。

当然，理想的企业财务工作应当包含财务核算、财税管理和财税战略三个层面，这里不做过多解释。但实务中往往是理想很丰满，现实很骨感。作为财务人员，如果打算在这个企业生存发展，首先得将老板设定的事情做到位，然后寻找机会实现你自己的工作理想。这就要求财务在工作之初首先同老板进行深入交流，讨论双方对于财务工作的看法、要求和判断标准，这种交流可能需要多次才能表述清楚，但作为财务人员请一定要摸清老板的想法和定位，差距过大无法调和的，建议尽快离开；有差距但双方认为可以沟通努力的，可以设定阶段性工作目标，一步一步来，给双方都有一个适应过程，也给企业管理体系一个稳步调整过程。

二、财务和老板眼光与视角的高度差异问题

对老板而言，每一项决策都是站在公司全局考虑，财税因素只是众多影响因素中的一个，有时候会是一个决定因素，但更多时候只是一个参考

因素。老板最终的决策方案通常会是一个各种因素兼顾、各方面妥协、收益与风险比对权衡后的综合考量。

而作为财务，很多时候工作经验和经历的限制导致无法站在老板角度思考问题，这是一个眼光和视角问题。但作为一个有想法的财务，思考高度的差距是痛苦的，而且这种差距会让财务在工作中有强烈的挫败感。因此，作为财务人员，决不能只学习财税、只懂得财税，必须熟悉管理、熟悉行业、熟悉宏观形势，只有这样才能在与老板交流中进入同一频道，避免因为角度和高度问题影响双方工作交流。

三、财务与老板交流机制建立

由于工作岗位的差异、利益的差异，财务同老板之间也会出现信息的不对称，因此必须建立一个相对健康稳定的交流机制，这种交流机制的建立有以下五个关键节点。

1. 入职交流

入职之前自然是就双方对财务工作的期望值进行沟通，这里不再赘述。重点想说说入职后的第一次重要交流。通常情况下，财务负责人进入一家新的企业，需要一段时间彻底了解情况，然后形成未来的工作思路和工作计划。这个时候就需要同老板进行第一次正式交流，建议做一份财务工作方案，对公司目前财务状况、存在问题、形成原因及解决方案进行详细阐述，并对财务工作未来的工作计划和目标进行设定。尤其是在方案中要对完成财务工作计划所需要的支持和资源进行阐述，让老板了解财务工作由财务牵头，但并不仅仅是财务部门的事情，需要老板支持、业务部门配合，并对这种配合和资源的标准做出明确说明，否则未来的财务工作方案将会无法落地。

2. 月度交流

每个月无论再忙，一定要抽出固定时间和老板交流，仍然可以借助月度财务报告的形式来协助完成交流，通过报告，对基本数据、数据的财务分析、问题、原因和解决方案以及下月工作计划等关键沟通点进行总结，每月月初固定时间提交老板，然后约定时间进行交流。

3. 年度交流

财务上会计年度和纳税年度是关键的时间节点，因此年末财务部门也需要对全年工作进行总结，并对下一年度工作进行展望，月度工作的汇总其实就形成了年度工作报告。在交流中仍然注意两个问题：

第一，不能只提问题，所有的问题一定要有原因分析和相应的解决方案设计；

第二，不能推卸责任，也不能大包大揽，应该客观摆出财务工作中的资源困难和协作困难，寻求老板支持。

4. 离职交流

财务工作最宝贵的不是技能，而是品质。品质中最难得的就是有始有终。无论财务人员因为何种原因离开，都应当善始善终，在走之前对自己工作进行总结，并同老板做最后一次正式交流。

离职的交流至少应当包括个人工作总结、工作的成绩与失误、公司存在的问题与解决方案、公司未来发展的个人建议等。让老板能够感受到，尽管不能再合作，但财务人员的职业道德是放心的，这对于财务人员未来工作口碑尤其是高管口碑的树立尤为重要。

四、财务原则性与灵活性的把握问题

老板与财务交流中另一个重大的问题就是老板的理念是“一切皆有可能”，而财务的理念则是“风险优先”。职业身份的不同决定了双方的很多交流可能不在一个频道，正如同男人和女人很多时候由于思维模式的差异导致交流受阻，这个问题的本质其实是财务的原则性和灵活性的把握问题。老板更加偏重于灵活性，而财务的身份决定了他们更加偏重于“风险厌恶”，那么，分歧不可避免。

身为财务人员，完全解决这个问题显然并不可能，也不符合财务人员内控角色的担当。但换一种方式进行交流，效果可能好得多。真正善于沟通的财务，并不轻易向老板说 NO，而是善于向老板提供更多的选择道路，毕竟否定是容易的，而前行是艰难的。遇到问题，建议财务人员一定要找到不同的选择道路，并对每一种道路财税上的利与弊进行深入分析，将不同道路同时呈现给老板，将公司决策的选择权交还老板，让老板自己比较，自己做出 NO 的决策，这才是高明的沟通之道。

当然，对于财务自身而言，也的确要开拓思路，不能将思维停留在风险的警示，而要将风险尽可能控制在一个可以接受的范围内，毕竟做企业就是在各种风险中前行，发展壮大才是解决风险的最终途径。

老板需要什么样的年度财务工作报告

年度是财务和税务的关键节点，当然也是企业整体运营工作的重要节点，财务和老板的年度沟通至关重要。我在这里想要强调的是年度的正式的书面沟通：年度财务工作报告。书面沟通是口头沟通无法替代的，口头沟通灵活、方便，但随意性强，很多时候无法引发深层次思考，也缺乏逻辑性判断，书面沟通恰好能够弥补这些问题。一份好的年度财务工作报告至少应当包括以下内容。

一、公司年度报表与财务基本数据

财务工作报告的基础当然是财务数据，这里的数据以什么形式呈现？如何让决策者能够一目了然看到最应当关注的信息，是企业财务负责人必须思考的基本工作。

1. 企业年度财务报表

资产负债表、损益表和现金流量表是必须提供的，而且其中的重要数据必须要有明细辅助说明，如收入明细、成本明细、费用明细、应收款项明细、应付款项明细、税金明细等，确保重要财务信息都基本能够体现在报告当中。

2. 基于财务报表数据的分析

每个行业经营的特点都不一样，决策需要关注的数据当然也不一样，从一般性行业来讲，基于杜邦分析的财务数据分析是必备基本体系。

分析类别	分析指标	分析关注要点
盈利能力分析	销售利润率＝当年净利润/当年销售收入 毛利率＝毛利/当年销售收入 **辅助指标：** 单位产品边际贡献＝产品单价－单位产品变动成本 全部产品边际贡献＝全部产品收入－单位产品变动成本×生产数量 边际贡献率＝单位产品边际贡献/产品单价	（1）关注利润中多少是来自主营业务，多少来自其他业务，多少来自投资收益，尤其是投资收益中的特殊情况； （2）多年的销售数据比对和盈利能力指标比对能够帮助你更好地了解企业盈利能力变化趋势，通常是至少三年数据； （3）管理会计的边际贡献分析是重要的辅助指标
资产使用效率分析	资产周转率＝销售收入/平均资产总额 其中平均资产总额＝（年初资产总额＋年末资产总额）/2 通常情况下，总资产周转速度越快代表企业运营效率越高。 **辅助指标：** 存货周转率＝营业成本/平均存货 应收账款周转率＝营业收入/平均应收账款 固定资产周转率＝营业收入/平均固定资产	（1）资产使用效率代表企业经营者会不会做生意，代表整个团队的经营能力高低； （2）辅助指标分析展示在企业的运营能力方面，哪个部分在拖后腿，哪个部分还不错； （3）通常需要三年的数据进行比较和验证
财务杠杆分析	财务杠杆＝总资产/股东权益 **辅助指标：** 负债比率＝总负债/总资产 流动比率＝流动资产/流动负债 速动比率＝速动资产/流动负债	这几个指标表达经营中的债务风险，如何在杠杆利用与风险防范中找到一个平衡
杜邦综合分析	净资产收益率＝净利润/平均净资产 净资产收益率＝销售利润率×总资产周转率×财务杠杆比率	这里的关键是在综合情况下做两个比较： 第一个是比较企业净资产收益率的高低； 第二个是找到在企业净资产收益率高低的背后，哪个因素的贡献最大，哪个因素还有提升空间

二、本年度资金情况分析

本年度整体资金使用情况，至少包括以下内容：

（1）全年资金流入流出情况及关键要素分析；

（2）融资情况基本数据与分析；

（3）投资情况基本数据与分析；

（4）经营资金基本数据与分析。

具体分析技巧与细节略。

三、本年度财务预算执行情况分析

（1）实际数据与预算数据差异分析；

（2）财务预算执行中的问题与解决思路。

四、本年度纳税管理情况分析

（1）本年度交税数据及比较分析；

（2）纳税管理中的风险分析，尤其是仍未解决的重大风险；

（3）纳税管理风险的形成原因与解决思路。

五、本年度财务工作的主要成绩

财务部门是一个特殊部门，由于保密性的原因很多工作业绩难以对外宣讲，即使是在公司年度工作会议中也常常难以见到财务部门大讲特讲，由于决策者常常对于财务工作专业性不强，造成工作成绩难以展示，工作问题反而会被放大。因此我认为工作的主要成绩和创新还是应该在年度工作报告中呈现出来，让领导能够清晰掌握和了解。

这个部分是对全年工作的一个回顾，可以分为日常性核算工作、内部控制工作、纳税管理工作、资金工作、特殊性专项工作等不同板块加以说明。

六、本年度财务工作的主要问题和解决方案

这个部分是对于全年工作问题的一个详细说明。这里揭示问题并不是表明财务工作一定做得不好，而是从财务角度来审视整个公司经营所发现的问题。因为很多财务问题背后的深层次原因是决策和业务活动，所以这里一定要将原因清晰展示，并在解决方案中强调决策层和业务部门对于问题解决的支持和关键作用，避免未来在这些问题中背黑锅。

七、下一年度整体财务工作目标和思路

基于以上部分的分析，财务工作报告的最后一部分就是对下一年度整个财务工作的展望与安排。一定要让老板明白，下一年度要在财务上解决哪些问题、达到哪些目标、需要哪些支持。

这样的一份报告将整个企业财务工作囊括其中，信息全面，内容翔实，有理有据，责任清晰，成为财务人员和老板沟通的最重要工具。需要强调的是，财务工作报告一定要在呈交老板之后，找一个时间同老板就报告内容进行深度交流，并在未来工作中将老板的想法和担心融入其中，有了这样的互动与交流，企业财务工作何愁不能做好。

老板需要同财务总监做什么样的入职沟通

对于企业而言，选择一个合适的财务总监是非常不易的，反过来财务总监选择一个合适的企业和老板也是非常不易的。双方的最开始接触——入职沟通显得格外重要。双方如何做好入职沟通？这成为决定财务人员工作成果和职业生涯发展的重要环节，也是企业未来财务管理方向性的重大关键点。

其实工作也像婚姻，结婚前满怀希望，结婚后发现不是那么回事，最后往往分手了事。从这个角度，这里将入职沟通定位为财务负责人同企业决策者的第一次全方位的、彻底的沟通，这次沟通将决定企业未来的财务工作基调，为财务人员和老板都划出财务底线。如果再划分细一点，入职沟通其实可以分为入职前沟通和入职后沟通两个层面。在最初决定来公司任职之前，其实财务负责人同老板是有一次正式交流的入职沟通，这次入职沟通是否顺畅满意，决定了双方能否结缘。

入职前沟通	
沟通时间	正式入职前
沟通对象	人力资源部门+老板
沟通目的	决定要不要加入
财务总监主要沟通内容	(1) 公司真实情况。包括发展历史、所处行业、产品体系、财务状况（大致），这决定了公司作为工作平台未来的发展空间。 (2) 老板个人真实情况。包括性格、品行、家庭等，虽然不大容易了解，但还是要通过正面沟通、侧面打听等途径尽量获取信息，毕竟这个人决定你未来工作能不能干得顺畅。跟对人是最重要的一个环节。 (3) 老板对财务的真实期望是什么。如果是期望你来了主持偷税那就要想好；如果是期望规范，那当然非常好。这里最重要的是老板的底线在哪里。其中也包含了老板对财务工作的整体看法和对财务人员的基本定位，这些决定了你未来工作的最大空间。 (4) 上一个财务负责人为什么离开。不容易打听，但还是尽量获取信息。真实原因的获得会帮助你过滤虚假信息。 (5) 公司目前存在最大的财务问题是什么。是资金问题，还是涉税风险，还是管理规范。这些问题你有没有把握搞定。
公司主要沟通内容	(1) 财务总监个人及家庭情况； (2) 财务总监详细的工作履历，换岗是否频繁，为何离职，人品如何等，需要做背景调查； (3) 财务总监个人专业技能与经验审核，擅长什么，不擅长什么，与企业要求是否吻合； (4) 面对公司的问题，财务总监是否能够拿出基本思路； (5) 财务总监对于公司和岗位工作的期望是什么，财税风险的底线如何。

入职前沟通一定要尽可能全面谨慎，但由于信息的不对称，财务负责人未必能够完整准确取得全部需要的信息，那么入职后必须有一次补充信息和再次沟通的机会。这就是我所说的入职后沟通。

入职后沟通	
沟通时间	正式入职后了解真实信息，三个月内完成
沟通对象	老板
沟通目的	决定要不要继续
双方主要沟通内容	入职前沟通的问题在入职后三个月内基本上可以较为真实详细地了解清楚，这决定了双方要不要继续下去，特别需要注意的是双方的性格、品行等个人因素可能是需要注意的第一要素，甚至是一票否决的因素。 如果觉得依然要继续工作，财务总监需要根据了解到的信息准备一份财务工作报告，就财务工作的问题、解决思路和未来工作方向等核心问题同老板做深入交流和沟通，这份财务工作报告具体包括如下内容： （1）企业基本财务状况和数据。 包括资产负债情况、损益情况、现金流情况，以及关键的财务指标分析数据； （2）企业财税面临的问题、原因及解决思路。 一个新的财务负责人首先是来为企业解决问题的，那么企业财务和税务上面临哪些问题？更重要的是这些问题为什么会产生？是行业原因、资金原因还是人的原因？最后当然要提出自己的解决思路，甚至这里的解决思路不应该是单一道路，而应该给老板一些选择空间。 （3）工作中需要老板和其他业务部门所做的配合工作。 这一条特别关键，因为几乎所有的财税问题的根源其实都不在财务部本身，而在于决策、商业模式、产品设计甚至是业务部门的衔接配合。因此要想解决上面的问题，必须得到老板的支持、其他业务部门的紧密配合，丑话必须说在前头，避免工作过程中因为老板动摇不定或者业务人员阳奉阴违导致问题无法解决，最终板子打在财务身上。作为新的财务负责人，一定不能稀里糊涂背黑锅。 （4）未来企业财税工作长期思路和目标。 这个是最终财务工作的整体目标和蓝图，财务为战略服务，战略实施离不开财务的支持，建议财务负责人至少应制定出未来三年的财务工作规划，从资金、内部管理、税收管理上各个方面拿出目标和要求，让老板看到财务负责人的魄力和勇气。

入职后沟通一定要以书面形式提交，正式、规范而且留下白纸黑字，避免未来产生争议，这是对财务人员的一种保护，也是对企业的保护。有了这样的沟通，老板会放心，财务会放心，其他业务部门也会支持。